Élisa Brune

# **SEITENSPRÜNGE**
## AUS DEM ALLTAG

Élisa Brune

# SEITENSPRÜNGE
## AUS DEM ALLTAG

Aus dem Französischen
von Christiane Landgrebe

Titel der französichen Originalausgabe:
Pensées magiques. 50 passages buissoniers vers la liberté
© Odile Jacob 2013

Das Werk und seine Teile sind urheberrechtlich geschützt. Jede Nutzung in anderen als den gesetzlich zugelassenen Fällen bedarf der vorherigen schriftlichen Einwilligung des Verlages. Hinweis zu § 52 a UrhG: Weder das Werk noch seine Teile dürfen ohne eine solche Einwilligung eingescannt und in ein Netzwerk eingestellt werden. Dies gilt auch für Intranets von Schulen und sonstigen Bildungseinrichtungen.

Dieses Buch ist auch als E-Book erhältlich:
ISBN 978-3-407-22332-6

www.beltz.de

© 2014 Beltz Verlag, Weinheim und Basel
Umschlaggestaltung: www.anjagrimmgestaltung.de,
Stephan Engelke (Beratung)
Umschlagabbildung: © Leah Manzari/Getty Images
Satz und Herstellung: Lelia Rehm
Druck und Bindung: Beltz Bad Langensalza GmbH, Bad Langensalza
Printed in Germany

ISBN 978-3-407-85988-4
1 2 3 4 5  18 17 16 15 14

# Inhalt

Das Leben als Fiktion   9

Es gibt keine dummen Fotos   12

Die Welt gewinnt an Weite   15

Aperitif bei Mario und Gilbert   18

Ungeteiltes Glück   21

Do it yourself   24

Die erste Ansicht und der zweite Blick   27

Wie betrachtet man ein Waffeleisen?   30

Pst!   33

Ein bisschen weiter westlich   36

Notwendigkeit des Nutzlosen   39

Ein Ball auf dem Sprung   42

Schenkel ohne Frosch   45

Das Gladiatorsyndrom   48

Der Auslöser  51

Melinda und Melinda  54

Der feste Bezugsrahmen  57

Freiheit, Gleichheit, Angst  60

Das Glück ist schon da  63

Leben zwischen den Zeilen  66

Was für eine schöne Briefmarke  68

Tapetenwechsel  71

Ein einfacher Gummiball  74

Charlines Ferien  76

Nein zum Nein  79

Tanzen Sie jetzt  82

Ein passender Abschnitt  85

Das Leben kann nerven  88

»Gleitet, ihr Sterblichen«  90

Scheuklappen  92

Kritik der reinen Logik  95

Eitelkeit  98

Eine neue CD einlegen  100

Das fröhliche Protein    103

Die Straße gehört allen    105

Fang die Troddel!    108

Der kleine Dreh    111

Sprechende Körper    114

Leben als Katze    117

Kunst, Zufall und was nichts kostet    120

Zur richtigen Zeit    123

Ein Automatenbild von Platon    126

Tausend Milliarden Schafe    129

Wie erträgt man einander?    132

Knochenfieber    135

Das Natürliche einfangen    138

Betrachtungen beim Baden    141

Chinesische Weisheit    144

Ich denke, also lebe ich    147

Osteopathie    150

Wer sind Sie?    153

*Danksagung*    157

# Das Leben als Fiktion

Die Freundin, die mir gegenübersitzt, in einem Kaschmirpullover mit einem reizvollen Dekolleté, klagt über ihr Schicksal. Die Arbeit, die Kinder, ihr Mann, alles ödet sie an. Vor drei Monaten war sie über das alles noch tief beglückt, aber das scheint sie ganz vergessen zu haben.

Wessen kann man überhaupt sicher sein? Die Zukunft ist unvorhersehbar. Das Geschehene entzieht sich der Erinnerung, sobald es vorüber ist. Was wir einmal gernhatten, mögen wir irgendwann nicht mehr. Wir erinnern uns nicht mehr an das, was wir gedacht haben. Selbst Tatsachen geraten dabei durcheinander. Welchen Slip haben Sie gestern getragen? Mit wem am Telefon gesprochen? Alles verblasst, und es muss so sein, sonst käme es in unserem Gehirn zu einem Stau. Allein die Gegenwart ist unstrittig. Der Himmel so, wie wir ihn gerade sehen. Das Jucken in der Nase. Dies gilt aber nur für uns selbst. Der Himmel wirkt auf unseren Nachbarn vielleicht ganz anders, außerdem kratzt er sich nicht an der Nase. Alles, was wir erleben, geht vorüber, es verschwindet, und es bleibt nur das, was wir davon festhalten, manches erfinden wir. So bleiben die Geschichten, die wir uns erzählen. Ich bin dies, ich bin das; an unserem Bericht wird ständig weitergewebt.

An dem Tag, an dem <u>wir begreifen, dass das, was in Marmor gehauen scheint, nur aus weichem Wachs besteht,</u> verlieren wir den Boden unter unseren Füßen und fürchten hinzufallen. Was? Mein beruflicher Werdegang ist nur eine Erfindung? Mein Familienleben gibt es nur in meinem Kopf? Ja, genau. <u>Denn dieselben Fakten können auf hundert verschiedene Arten wiedergegeben werden</u>. Das Glück? Weder Geld noch Schönheit noch Gerechtigkeit noch Liebe machen es aus … sondern nur die Vorstellung vom Glück. Sehen Sie sich die Leute an, die im Beruf alles erreicht haben. Unter ihnen gibt es ebenso viele ängstliche und deprimierte wie anderswo. Sehen Sie unter den Brücken nach, da gibt es genauso viele lustige Gesellen wie anderswo. <u>Alles hängt von der Vorstellung ab, die wir im Kopf haben, und wie man davon erzählt</u>. Glücklich sind <u>Sie an dem Tag, an dem Sie denken, dass Sie glücklich sind</u>. So kann sich unser Unbehagen verwandeln und uns ein Gefühl der Freiheit geben.

Von jeher habe ich mehrmals am Tag das Gefühl gehabt, mein Leben sei entweder wunderbar oder recht erbärmlich. Bald würde das Urteil fallen, an einer wichtigen Wegbiegung oder einem Zielpunkt würde sich die Waage zu der einen oder anderen Seite neigen. Aber im Alter habe ich Folgendes gelernt: Mein Leben ist nicht wunderbar oder erbärmlich, es ist beides zugleich. Man kann es auf zwei Arten betrachten, aber es gibt noch viele andere. Mein Leben ist mein Leben, eine Folge von Augenblicken verschiedenster Art, und ich kann es betrachten wie Houellebecq, Walt Disney, Goethe oder Woody Allen ... das hängt ganz von mir ab. <u>Ich kann es hundertmal erzählen und daraus hundert verschiedene Filme machen.</u> Jede Biografie oder Autobiografie ist nur eine einzelne Scheibe Fleisch, aus einer dicken Keule herausgeschnitten. Das ist gut, zu wissen, und es lohnt den Luxus, nicht immer nur an derselben Stelle zu schneiden. Sich für den Preis einer Scheibe mehrere zu leisten. Über dieselbe Sache zu seufzen oder sich zu freuen. Und sich plötzlich dabei zu überraschen, dass man wesentlich weniger jammert.

# Es gibt keine
# dummen Fotos

Ich saß in einer Snackbar einem Freund gegenüber und bemerkte, dass er über meine Schulter starrte. Gleich darauf sagte er leise: »Es ist schon komisch, eine Mikrowelle zu fotografieren.« Hinter mir fotografierte eine Kundin ihren darin stehenden Teller. Das war wirklich seltsam. Und durch ihr seltsames Tun versetzte sie uns in einen merkwürdigen Zustand. Im Handumdrehen war alles um uns herum fragwürdig. Der Typ mit der roten Mütze, die Frau mit der blauen Haarsträhne. Der Hund, der nicht bellte.

Sobald man sich vom normalen Szenario entfernt, stellt man fest, dass nichts selbstverständlich ist, dass die Spielregeln, durch die sich alle Dinge an ihrem Platz befinden, jederzeit ihre Geltung verlieren können. Ein falscher Schritt und alles gerät aus den Fugen.

Das Problem, das wir mit der Wirklichkeit haben, liegt darin, dass wir uns an sie gewöhnen. Sie überrascht uns nicht mehr, während sie objektiv gesehen verblüffend ist. Vor dreizehn Milliarden Jahren gab es nichts als eine Suppe von Protonen und Neutronen. Dass all dies sich so entwickelt hat, dass lebende Körper, Kugelschreiber und Teelöffel entstanden sind, ist an der Grenze des Fassbaren. Das alles ist kaum zu glauben, und aus unserem Staunen darüber sind Dichtung und Philosophie entstanden.

Fotos geben uns die Möglichkeit, unsere Beziehung zur Wirklichkeit zu ordnen. Ein zufälliges Beispiel: Machen Sie auf einer Reise jede Stunde ein Foto, ganz gleich, wo Sie sich befinden, sogar im Bett. Das Album wird später ein kostbares Sammelstück, nicht wegen seiner künstlerischen Qualität, sondern wegen der besonderen Art, in der wir alles erleben. Wir sehen, dass sich die Dinge und Erlebnisse anders darstellen, weil wir sie festhalten. Diese Reise wird uns in Erinnerung bleiben, weil wir einen ungewöhnlichen Plan zu erfüllen hatten.

Dabei muss man das, was man sich vornimmt, immer wieder ändern, sonst würde selbst das Ungewöhnliche banal und man würde das Besondere nicht mehr spüren. Etwas zu spüren ist eine Frage des Kontrasts. Spüren Sie den Ring, den Sie tragen? Nein. Stecken Sie ihn an einen anderen Finger und Sie spüren ihn. Setzen Sie einen Hut auf und schon wird Ihnen die Haltung Ihres Kopfes bewusst. Fotografieren Sie Ihren kleinen Zeh, dadurch sehen Sie ihn sich endlich einmal an.

Ich kenne Leute, die Toiletten, Vogelscheuchen und Wäscheleinen fotografiert haben. Der Entschluss, sich etwas genauer anzusehen, ist ein guter Anfang. Aber nicht das, wovon schon alle anderen Bilder schießen, denn dann würden Sie beim Fotografieren gar nicht richtig hinsehen. Fotos von Touristen vor einer Landschaft versperren den Blick, aber ungewöhnliche Bilder führen uns in eine andere Welt, jung und frisch. Ich würde alle Fotos, die an jenem Tag vom Eiffelturm gemacht wurden, gegen das vom Mikrowellenherd eintauschen.

# Die Welt gewinnt an Weite

Heute hat mir eine Freundin Kleider geschenkt, die sie nicht mehr trägt. Manches war völlig anders als das, was ich mir im Laden kaufen würde. Als ich sie dann anprobierte, stellte ich fest, dass sie mir sehr gut standen. Nicht nur der besondere Schnitt, auch die Wirkung, die diese Kleider hatten, gaben mir ein anderes Aussehen, fast als wäre ich eine andere Person. Das war tatsächlich ich, und es gefiel mir.

Oft scheint uns das, was am besten zu uns passt, wenig attraktiv. So haben wir in einem Land, das uns kaum interessierte, eine der schönsten Reisen gemacht, eine Sportart, die uns nicht zu liegen schien, entpuppte sich als wahre Offenbarung, und der Mann, der uns kaltließ ... unglaublich!

Muss man daraus schließen, dass man sich selbst kaum kennt? Ich glaube, ganz im Gegenteil, man kennt sich zu gut. Aus Prinzip wiederholt man die Strategien, die bisher gut funktioniert haben, das unifarbene Kostüm, die Ferien im Club, das Federballspiel am Samstagmorgen. Es funktioniert, und wir sind froh, dass es so ist, und bleiben daran hängen (der Spatz in der Hand ist besser als die Taube auf dem Dach!), und so verliert man alles andere aus den Augen, kann sich gar nicht mehr vorstellen, dass andere Möglichkeiten genauso gut sein könnten, wenn nicht noch besser.

Zufällig sagte mir ein Freund ebenfalls heute: »Wenn du einen Salat mit sechs Zutaten machst und sie am nächsten Tag anders mischst, bleibt es immer derselbe Salat. Um etwas zu entdecken, muss man die Zutaten ändern.« Im Leben ist es genauso. Mit denselben Zutaten macht man immer denselben Salat. Daher die Idee, sich von überraschenden Einfällen von der gewohnten Bahn abbringen zu lassen: einem Buch, das man nie gekauft hätte, einem Salsa-Kurs, auf den man keine Lust hatte, oder einer Fremdsprache, die man gar nicht braucht.

Man muss zu allem bereit sein, auch dazu, sich von Dingen verlocken zu lassen, die man früher gering geschätzt hat. Ein Film, ein Zeitvertreib oder ein Freund, der uns vor zehn Jahren auf die Nerven gegangen ist, sie können uns heute bezaubern. Und man wird sich fragen, wie man sie ignorieren konnte. Die besten Verabredungen sind diejenigen, die man beim ersten Mal verpasst, denn so können wir erkennen, auf welchem Weg wir bisher gegangen sind. Da sehen wir, wie klein wir im Spiegel unserer früheren Grenzen sind. Und wie groß wir heute sind, seit wir Zugang zum Poker oder zum modernen Tanz gefunden haben, über die wir früher nur verächtlich mit der Schulter zuckten.

Dass wir uns gut kennen, hindert uns oft daran, herauszufinden, wer wir sein könnten. Manchmal ist ein unpassendes Geschenk oder der Fehler eines Briefträgers notwendig, um auf einen anderen Weg geführt zu werden. Die Welt gewinnt an Weite. Warum nicht auch wir?

# Aperitif bei Mario und Gilbert

Ich rufe meine Freund Arthur an, um zu fragen, wann heute Abend die Vernissage anfängt. Da er auch hingeht, »weil es sich lohnt, das zu sehen«, verabreden wir uns eine Stunde vorher bei Freunden von ihm, die ganz in der Nähe wohnen. Ich rechne mit einer Art Vor-Vernissage mit lauter VIPs und klingele um 18 Uhr bei der angegebenen Adresse. Arthur ist nicht da und auch sonst niemand. Da ich glaube, sie wüssten, wer ich bin, tue ich so, als wüsste ich, wo ich bin. »Ich bin wegen des Aperitifs vor der Vernissage hier.« Ich werde freundlich empfangen und wir reden über unseren Kunstgeschmack. Eine Stunde später ist Arthur immer noch nicht da, aber ich verstehe mich sehr gut mit Mario und Gilbert, einem sehr netten Paar, das sich freut, mit mir einen Aperitif zu trinken. Als ich weggehe, gebe ich Ihnen die Einladung zu einer anderen Vernissage, die am nächsten Tag stattfindet. Ich kann dort nicht hingehen, aber sie gehen hin und werden Freunde des Künstlers. Daraus entsteht eine lange Freundschaft, voll künstlerischer Ideen und mit immer neuen Plänen. Da haben Sie den Schmetterlingseffekt. Hätte ich gewusst, wann die erste Vernissage anfängt (ich hätte nur im Internet nachzusehen brauchen), wäre das Leben der drei anders verlaufen. Große Entwicklungen hängen oft von winzigen Zufällen ab, während lange überlegte Entscheidungen sich manchmal mit ganz unwichtigen Dingen befassen. Die Farbe eines Schals suchen wir ganz bewusst aus, aber die Liebe unseres Lebens taucht auf wie der Märzhase bei Alice im Wunderland.

Der Zufall ist ein so starker Motor, dass manche bei wichtigen Entscheidungen Roulette, Yi-king oder Tarot spielen, eine seltsame Art, sich auf alles zu verlassen außer auf sich selbst. Dumm ist das nicht. Das Yi-king redet, die Astrologie ebenfalls, und es kommt darauf an, dass man etwas zu hören bekommt. Der eigene Wille hat nämlich, wenn er nicht eine pure Erfindung ist, eine schwache und unsichere Stimme. Man lauscht auf sie, und das ermüdet. Das Urteil von Kopf oder Zahl wirkt dann wie eine große Erleichterung. Soll man nach Buenos Aires fahren oder nicht, Grappa in den Kaffee tun oder darauf verzichten? Wesentlich ist, dass man die »Entscheidung« umsetzt, das heißt, fest an sie glaubt. Nicht, was man tut, zählt, sondern die Überzeugung. Eine Kassiererin, die überzeugt ist, ist glücklicher als eine Diva, die vom Zweifel zerfressen wird.

Da ich fest glaubte, am richtigen Ort zu sein, war der Aperitif mit den Unbekannten eine intensive, fast unvergessliche Erfahrung. Unglaublich, da nicht vorhersehbar. Und weil es unglaublich war, war es eine Sensation. Brad Pitt und Angelina Jolie hätten mich nicht mehr beeindrucken können.

Später traf ich Arthur auf der Vernissage. Er fragte mich, warum ich nicht zu Michel und Vanessa gekommen sei. Ich hatte bei der falschen Wohnung geklingelt.

# Ungeteiltes Glück

Meine beste Freundin kam kürzlich aus Istanbul zurück, wo sie eine Woche verbracht hatte. Als ich sie fragte, was ihr am besten gefallen habe, sagte sie. »Der letzte Tag, an dem ich allein in der Stadt spazieren gegangen bin.« Sie war es ein wenig leid, immer ihrem Mann hinterherzulaufen, der alles kannte, was man sehen und erleben musste. Sie schlug vor, dass jeder einen Tag tun sollte, was er wollte, und das war mutig von ihr. So mancher wäre deswegen böse gewesen. Antoine aber ist nicht so. Es gefiel ihm, in seinem Rhythmus durch die Stadt zu gehen, im Eiltempo. Marie ist aufs Geratewohl umhergewandert. Sie hat sich auf die Terrasse eines Cafés gesetzt und die Leute beobachtet. Sie hat sich Schaufenster angesehen, ist mit einem Wassertaxi gefahren, hat sich eine Zeitung gekauft und in einem Park gelesen. Sie ist in einen Hammam gegangen und hat sich ein Peeling und eine Massage gegönnt. Das empfand sie als Glück.

Abends freute sie sich, Antoine wiederzusehen und ihm

zu erzählen, was sie alles erlebt hatte. Er war auch froh und zufrieden. Er hatte sich Architektur angesehen, darunter ein Dutzend Jugendstilgebäude. Sie beschlossen, beim nächsten Mal zwei Tage auf eigenen Faust loszuziehen.

Man kann ein Paar sein und sich dennoch allein fühlen. Es ist aber viel besser, allein zu sein und sich als Paar zu fühlen. Antoine und Marie wohnen nicht zusammen. Sie sehen sich am Wochenende und einen Abend pro Woche. Ihr sechsjähriger Sohn ist manchmal bei der Mutter, manchmal beim Vater und manchmal mit beiden zusammen. Marie fährt manchmal ohne die beiden eine Woche in die Ferien oder ins Wochenende. Ihre Fähigkeit, sich allein des Lebens zu freuen, gefällt mir sehr. Ich hatte schon immer eine Schwäche für Glück, das man allein genießt. Viele Leute sagen mir, man könne nicht glücklich sein, wenn man nicht mit anderen teilt. Was für eine seltsame Vorstellung. Muss man so sehr auf den Blick des anderen fixiert sein, dass man die Dinge ohne seine Zustimmung nicht genießen kann? Oh nein! Allen Ernstes, wenn man allein ist, dann teilt man sein Glück mit sich selbst und das ist paradiesisch schön. Sich einen Kaffee auf einer Terrasse leisten, im Wald spazieren gehen, ein Film im Kino, ein unbekannter Club, ein Last-Minute-Flugticket. Die Begegnung mit der Wirklichkeit, manchmal etwas rau, wird durch den Kokon der Zweisamkeit unweigerlich geglättet, oft zu sehr. Man taucht weniger in seine Umgebung ein, wenn man es zu zweit tut. Man dringt auch weniger in sein Inneres vor und kann sich sogar aus den Augen verlieren. Was ist eigentlich mein Rhythmus, mein Geschmack, mein Antrieb, meine Haltung gegenüber dem Unbekannten? Ein Tag in Istanbul kann zwei verschiedene Landschaften zutage fördern: die Stadt und sich selbst. Es ist eine Freude, danach seinem Partner wieder zu begegnen, der eine andere Landschaft darstellt, ganz anders als die eigene!

# Do it yourself

Der Sommer hat etwas Beängstigendes. Wenn der Himmel zu blau ist, die Bäume zu grün sind und der Gesang der Vögel überall, glaubt man, nichts könne mehr besser werden. Mit dem Glück ist es genauso: Wenn es da ist, verspürt man einen Stich im Herzen, aus Angst, es könne verloren gehen.

Ein Freund von mir hat sich geweigert, diesen Sommer mit mir zu verreisen. Seine Begründung: Es könne nicht so schön werden wie auf der Reise im letzten Jahr. Fehlte ihm das Vertrauen zu mir oder sich selbst gegenüber? Dem Land gegenüber oder dem Leben? Er wollte sich die Erinnerung an das Glück bewahren um den Preis ... wessen? Den des Unbekannten.

Das, was wir kennen, gibt uns Sicherheit. Was wir haben, das haben wir.

Das Unbekannte macht uns ängstlich: Und wenn es schiefginge? Also bleibt er zu Hause und ich fahre nach China. Ich bin sicher, es wird eine schöne Reise.

Das Leben ist ein großes Kasino. Ich habe oft den Eindruck, dass ich Höchstgewinne erziele, und dann setze ich erneut, und das folgende Jahr ist wieder das schönste meines Lebens. Genau so geht es mir mit den Abenden. Bei einem Gesangsworkshop sagt ein Mitschüler zu mir: »Ich gehe in ein Konzert mit Kristallschalen und Didgeridoo am Fuß des Berges Bugarach. Kommst du mit?« Warum nicht. Und zwei Stunden später tragen vibrierende Rhythmen meine Ohren auf einen anderen Planeten; was für eine großartige Entdeckung.

Geht alles immer gut? Nein, manchmal geht auch etwas schief. Wenn ich den falschen Zug nach Perpignan nehme und die Nacht auf einem einsamen Bahnsteig in Cerbère verbringen muss. Doch auch das ist letztlich eine unglaubliche Erfahrung. Man sitzt da im Halbschlaf, und die Züge, die hereinfahren, machen einen betäubenden, fast berauschenden Lärm. Eine echte Höllenfahrt. Das Gefühl von Endlosigkeit. Kurz gesagt, selbst wenn es schiefgeht, hat das noch sein Gutes. Sobald man die Autobahn verlassen hat, betritt man bald unbekanntes Terrain. Und das Unbekannte ist immer gut. Lesen Sie *Das Unbekannte auf der Erde* des Nobelpreisträgers Le Clézio, ein außergewöhnliches Buch. »Ich möchte Sie in die Ferne reden, lange Zeit, mit Wörtern, die nicht nur Wörter sind, sondern in den Himmel, in den Raum, bis ans Meer führen.«

Dies alles sage ich mir in einem Zug, den ich nicht verpasst habe, während ich den Leuten um mich herum beim Schlafen zusehe. Eine schöne Stunde des Tages. Warum sollte ich sie verpassen? Es lohnte sich, im Wachzustand zu leben. Schluss mit der Bequemlichkeit. Vergnügen wird einem nicht geschenkt, man muss es selbst schaffen – do it yourself!

Wenn man den Mut hat, mehr zu tun und nicht einzuschlafen, hat der Sommer nichts Beunruhigendes. Es gibt dort zahllose offene Türen, die zu anderen Sommern führen, die noch großartiger sind. Jeden Tag das Glück zu versuchen ist dasselbe wie zu schreiben. Es schärft den Verstand und regt ihn an.

# Die erste Ansicht und der zweite Blick

Ein Künstler zeigt mir in seinem Atelier seine Bilder. Serien von Zeichnungen und Pastellen mit fast abstrakten Bäumen und Wiesen. Man erkennt nur den Rhythmus und die Bewegung der Halme, nichts wird erzählt. Mir erscheinen sie in erster Linie meditativ, ich denke an Theorie, konzeptuelle Kunst, bei der alles von einer Idee und einem formbezogenen Projekt ausgeht. Später erzählt mir der Mann vom Hintergrund seiner Arbeit. Seit drei Jahren macht er sich Gedanken über die Trauer. Seit dem Unfalltod seines besten Freundes lässt ihn der Gedanke des Verlusts nicht mehr los. Ich zeige mich überrascht, dass er dies in Grashalmen zum Ausdruck bringt. Er erzählt mir von den Wochen, in denen er es nicht fassen konnte und Mühe hatte, im täglichen Leben Fuß zu fassen, niedergeschlagen und verletzt war. Und plötzlich begreife ich es. Ich habe oft Momente erlebt, weitab von der organisierten Welt, mitten in der Natur, in denen der Blick nichts anderes aufnahm als Blätter, Steine, Tieraugen.

Die Bilder dieses Mannes erscheinen plötzlich in neuem Licht. Nichts Theoretisches mehr, im Gegenteil. Etwas, das mich anrührt, Erlebtes, Trauer, Melancholie.

War es der zweite Blick? War es seine Erklärung? Man kann tief in die Dinge hineinsehen, die uns zuerst unerklärlich erschienen. Oft gibt es einen doppelten Boden oder einen Subtext, den zu befragen sich lohnt. Viele Maler, Filmemacher oder Schriftsteller werden erst dann interessant, wenn man das persönliche Moment versteht, das ihrem Schaffen seine Richtung gibt. In der künstlerischen Arbeit gibt es hohle Attitüden, aber wenn ein Werk das Sein berührt, dann durch die direkte Erfahrung des Künstlers, der gelitten oder das Leid anderer gesehen hat, der Glück erfahren oder das Glück anderer gesehen hat. Nichts Theoretisches. Kunst entsteht durch das Bauchgefühl, es ist ihr Resonanzkasten, sogar Descartes sagt über sein Werk *Diskurs über die Methode*, dass es aus einem lebhaften Traum entstanden sei.

Was auf Kunstwerke zutrifft, gilt auch für Menschen, denn ihre Taten und Haltungen sind ihre Art, Werke hervorzubringen, ohne Pinsel oder Musikinstrument. Sie bringen zum Ausdruck, was sie empfinden, oft auf amüsanten oder seltsamen Umwegen. Jemand ist linkisch und ungeschickt, vielleicht, weil er Sie liebt. Jemand ist aggressiv, vielleicht, weil er leidet. Man kann lange an der Seite von jemandem oder mit etwas leben, der oder das im Dunkeln bleibt, bis ein Ereignis Licht ins Dunkel bringt. Ich erinnere mich an einen jungen Mann, der besonders romantisch auf mich wirkte. Er war sanft und ruhig und hatte es nie eilig. Er hatte Komplexe, weil ihm sein Geschlechtsteil zu klein erschien.

Man soll nicht bei dem hängen bleiben, was der erste Blick sieht. Sogar in Grashalmen lassen sich verborgene Motive finden.

# Wie betrachtet man ein Waffeleisen?

Einige meiner Freunde sind zunehmend gedrückter Stimmung. Dabei sind es ganz fantastische Leute, die kreativ und aktiv sind, lebensfroh und begabt. Aber niemand will ihre Skulpturen, Gedichte oder Choreografien haben. Kunstwerke, schön und gut. Aber essen kann man sie nicht. Wir melden uns wieder, wenn es mit der Konjunktur aufwärtsgeht.

Soll man sich allein auf das besinnen, was man zum Überleben braucht? Essen und Unterkunft? Da bin ich mir nicht sicher. 1940 blieben in London die Theater während der Bombardierungen offen und gaben den Menschen Hoffnung. Es ist wahr, dass man essen muss, aber es ist noch wahrer, dass man Träume braucht.

Kunst ist nicht nur dazu da, Schönes oder Bewegendes zu schaffen. Sie arbeitet mit irgendwelchen Gegenständen: Rohren, Stiefeln, Waffeleisen und gibt ihnen eine spezielle

Bedeutung, die bei uns tiefe Fragen aufwirft. Wo sind wir? Wer redet da? Was sehen wir? Wohin gehen wir? Unsere Unsicherheit wird geweckt, wenn wir uns den Werken öffnen – entgegen der üblichen Vorstellung präsentieren sich nicht die Werke uns, sondern wir uns ihnen. Das Selbstverständliche und am Telefon Gesagte verliert an Wert. Ein Gefühl von Freiheit und Grenzenlosigkeit macht sich breit. Die seltene Möglichkeit, sich außerhalb von Ort, Sinn, Kausalität und dem Käfig zu bewegen, der wir für uns selbst sind. Das Glück, über Dinge zu staunen, die Augen aufzureißen, den Händedruck eines Unbekannten zu spüren. Das Unbekannte ist für mich der Gral des Geistes. Der Hauptmuskel unserer Wissbegier – die *libido sciendi,* die in erster Linie Libido ist. Das Unbekannte ist der Fluchtpunkt, der die Landschaft in ihrer Gesamtheit ordnet. Aristoteles sagt: »Wir wissen etwas vom Unbekannten. Denn man weiß vom Unbekannten, dass es unbekannt ist.« Dieses Wissen in Form begrenzter Erfahrung, auf ihre eigene Negation reduziert, ist köstlicher als andere.

Tragischerweise haben wir Autobahnen gebaut. Der Geist hat sich Wege abgesteckt, um zu funktionieren – und es ist ja ein Glück, dass man das Rad nicht von Neuem erfinden muss –, aber wir sind doch eingeengt. Die Zeit der Fernsehnachrichten, der Tag der Müllabfuhr, die Samstagseinkäufe, die Getreideflocken links im Schrank, die Rechnungen in der Schublade rechts. Und wann weht frischer Wind?

Dann, wenn man die Autobahn verlässt.

Eines Tages kam Picasso an einer Müllkippe vorbei und sah einen Fahrradsattel und einen alten Lenker. Sein Auge brachte sie miteinander in Verbindung, es wurde ein Stierkopf daraus. Wenn die Wege nicht durch Vorgegebenes verbaut sind, ist die Luft frisch.

# Pst!

Eine Freundin weiß nicht, ob sie ihren Mann verlassen soll, um mit ihrem Liebhaber zu leben. Sie bezweifelt, dass ihre Beziehung hält, wenn sie offiziell wird. Der Reiz liegt im Verbotenen, im leichten Angstschauer bei heimlichen Treffen, bei denen man erwischt werden könnte.

Mit achtzehn mussten wir lügen, wenn wir unseren Liebsten treffen wollten, denn unsere Eltern hatten ständig ein Auge auf uns. Mit dreißig müssen wir lügen, wenn wir unseren Liebhaber treffen, weil der Ehemann uns überwacht. Wir tun es trotzdem. Ist Heimlichkeit Teil unserer Lust oder ist die Liebe nur falsch organisiert? Warum kann man mit Marc Dinge tun, die mit Felix unmöglich sind? Warum amüsiert man sich so mit jemandem, der einem sonst nicht wichtig ist? Warum ist man aufrichtiger und freier gegenüber einem, den man nur einmal pro Woche sieht, als gegenüber dem, mit dem man sein Leben teilt? Wieso bringen wir es fertig, selbst den heimlichen

Liebhaber zu betrügen und eine noch heimlichere Beziehung nur für eine Nacht auszuprobieren?

Das Gift in der Beziehung mit den Menschen, die man oft sieht, breitet sich dadurch aus, dass man ihnen Rollen gibt. Man kennt sie, man kann sie ausrechnen. Bernard ist prüde. Christoph ist ein Fanatiker. Man weiß im Voraus, dass der eine etwas Bestimmtes tun und der andere etwas Bestimmtes sagen wird. Und umgekehrt. Sie sind festgelegt, und wir selbst entsprechen einer Form, die wir selbst angelegt haben, meistens, um dem anderen zu gefallen. So ist man vernünftig, verantwortlich, romantisch und zärtlich und aus diesem Schema kommt man nicht mehr heraus. Wenn wir aber noch eine andere Seite haben, unvernünftig, wild, verführerisch sind, dann ist es besser, die Dinge zu bremsen, für sich zu behalten und in seiner Fantasie auszuleben. Dann aber tritt eines Tages ein Unbekannter auf den Plan und dringt, in einer Bar zum Beispiel, in das sorgfältig abgesteckte Terrain ein. Mit einer Leidenschaft, die uns begeistert, erklärt er, wir seien viel weiblicher, als wir glauben, und dann wünschen wir uns nichts mehr, als dass er uns mit seinen Händen und seinem Körper aufweckt.

Wäre es nicht besser, man verzichtete von Anfang an darauf, sich so zurückzuhalten? Ich träume von einer Welt, in der Ehemänner nicht nur Ehemänner sind. In der man sich mit ihnen anonym in einem Hotel um Mitternacht treffen kann, ganz heimlich. Offizielle Rollen werden an der Garderobe abgegeben, und wir schließen die Augen, während wir uns wie ungehorsame Kinder unserem Spiel hingeben, ohne moralisches Urteil, ohne Vernunftkontrolle. Eine Rodeonummer? Ein gefesselter Sklave? Alles ist in Ordnung, Hauptsache, man pfeift auf seine festlegte Rolle. Früh am Morgen kann dann jeder wieder sein Kostüm anziehen.

# Ein bisschen weiter westlich

Eine Freundin sagt zu mir, ihr Leben sei langweilig, verglichen mit meinem, das voller Abenteuer und Überraschungen sei. Sie steht jeden Morgen früh auf und bringt ihre zwei Kinder in die Schule. Sie arbeitet ganztägig in einer Werbeagentur, fährt viele Kilometer Zug und Fahrrad. Jeden Abend kocht sie für vier Leute. Sie kümmert sich um ihre Eltern und gibt Analphabeten Unterricht. Jede Nacht liegt sie bei ihrem Mann im Bett. Das alles ist schon mehr als Mut, sie ist eine wahre Heldin. Meilenweit entfernt von dem, was ich bewältigen könnte. Langweilig, das trifft eher auf mich zu. Verpflichtungen zu haben ruft bei mir Schwindelgefühle hervor, festgelegte Zeitpläne sind eine Zwangsjacke für mich. Ich kümmere mich ausschließlich um mich selbst, immer im letzten Moment und mit Hindernissen. Verdammt! Der Kühlschrank ist leer. Worüber wollte ich in dem Vortrag heute Abend eigentlich reden?

Spontan zu einer Reise aufzubrechen oder Extremsport zu betreiben kann abenteuerlich scheinen, bedeutet aber nichts anderes, als sich etwas Schönes zu gönnen. Andere Frauen sind in meinen Augen Athleten, Organisations-Rambos. Göttinnen mit zwanzig Armen und neun Köpfen.

Die eigentliche Frage liegt nicht in dem Weg, den man geht, sondern in der Wahl, die man trifft. Ist im Flugzeug ein Pilot? Ist es eine bewusste Entscheidung oder verhält man sich angepasst oder macht es sich bequem, wenn man sein Leben auf einen Ehemann, eine Familie, eine Arbeit ausrichtet oder Reiseprospekte blättert, soziale Netzwerke besucht oder Poker spielt? Es gibt viele Arten, einander nicht zu begegnen, manche geplant, manche zufällig. Es gibt Gewohnheiten, auf die man verzichten kann. Man kann in Aktivität aufgehen und vergessen, dass man sich Fragen stellen könnte. Wie steht es um die Gefühle, den Geist, den Körper, die Beziehungen, den Sex, wozu sind sie jeweils gut? Wie viele Cursor frieren ein? Wie schwer fallen uns idiotische Arbeiten? Was hält mich lebendig? Was möchte ich lernen, sehen, erleben, bevor ich mich aus der Welt verabschiede?

Frauen führen oft einen Überlebenskampf, bevor sie daran denken können, das Leben zu genießen. Das ist normal. Wir kommen von weit her. Die Großmutter klebte wie eine Meeresschnecke am Felsen und erwartete alles von der Welle, die sie befreien sollte. Wir hingegen sind beweglich geworden, wie mit Motoren. Manche fahren die normale Straße entlang, andere legen wie Indianer die Hand vor die Augen, um herauszufinden, welches Ziel passt. Meine Freundin ist kein bisschen langweilig, sie fragt sich nur, ob es nicht an der Zeit wäre, etwas mehr vom Leben zu haben.

# Notwendigkeit des Nutzlosen

In den Schulen für Unternehmensführung lernt man, dass fünfzig Prozent der Investitionen, die ein Marketing-Plan vorsieht, mit Sicherheit nutzlos sind, aber es ist unmöglich, zu wissen, was genau das ist.

Ein mir bekannter Chemiker übertrug dieses Prinzip auf die Wissenschaft und sagte, seiner Meinung nach machten neunzig Prozent der Forscher sinnlose Arbeit, es sei jedoch unmöglich, zu wissen, welche.

Wenn nur einer von zehn Forschern die Wissenschaft wirklich weiterbringt, dann sind sie weit weniger nutzbringend als ein Werbebudget. Mein Chemiker war vielleicht pessimistisch, vertrat aber entschieden die Ansicht, dass man in die Wissenschaft investieren muss. Die Menschheit zieht größten Nutzen aus den Geniestreichen von Newton, Lavoisier, Edison, Pasteur oder ein paar Hundert anderen. Wer würde wagen zu behaupten, man hätte die ihnen zur

Verfügung gestellten Mittel durch zehn teilen sollen? Heute können große Ideen in einer Garage oder an einem Küchentisch entstehen, aber andere brauchen einen gut ausgestatteten Arbeitsplatz und internationale Zusammenarbeit. Das Higgs-Teilchen brauchte nicht weniger als viertausend Physiker, um entdeckt zu werden. Aber wer weiß, welchen Nutzen wir einmal daraus ziehen können?

Die öffentliche Meinung sieht das anders. In Umfragen der letzten dreißig Jahre haben die Naturwissenschaften stark an Renommee eingebüßt. Was ist geschehen? Man kann auf zahlreiche Pannen und Risiken verweisen. Aber die hat es schon immer gegeben. Nicht immer war Wissenschaft frei von Irrtümern und scheiterte mitunter, aber das wiegt in keiner Weise die Wunder der Herztransplantation, des I-Phones oder einer Marslandung auf. Hat sich nicht eher die allgemeine Stimmung verschlechtert, das Vertrauen in die Zukunft abgenommen? Wenn das Klima sich eintrübt, verdüstert sich auch die Stimmung.

Die Wissenschaft war noch nie so fruchtbar wie heute. Eine überwältigende Menge grauer Zellen und Institute beschäftigen sich mit der Natur. Technische Errungenschaften und das Potenzial von Rechnern bringen in schwindelerregendem Tempo Ergebnisse hervor.

Nimmt unser Wissen zu, vermehrt sich zugleich das, was wir nicht wissen. Unsere Unkenntnis vergrößert sich entsprechend dem, was neu entdeckt wird. Wir schaffen etwas, das wir nicht kennen, wie der Baum den Wind sichtbar macht, der Zweige und Blätter bewegt.

Verstehen und Nichtverstehen gehen immer Hand in Hand, deshalb mag ich Künstler ebenso gern wie die Wissenschaft. Sie sind der Wind in unseren Blättern.

# Ein Ball auf dem Sprung

Auf einer Buchmesse in Toulon treffe ich einen Biologieprofessor mit seiner amerikanischen Frau. Abends beim Essen erzählt er mir von einem einjährigen Praktikum in Chicago und ich frage ihn: »Haben Sie Ihre Frau dort kennengelernt?« Er antwortet: »Ich habe dort meine beiden Frauen kennengelernt.«

»Wie bitte?«

»Ja, ich habe an einem Abend zwei Frauen kennengelernt und sie beide geheiratet. Die zweite nach der Scheidung von der ersten.«

Man kann das nur bewundern. Aber man fragt sich, wie er es bei seiner zweiten Frau geschafft hat, die Erinnerung an jenen ersten Abend zu bewahren und diesen Jahrestag zu feiern …

Die Tage, an denen man Menschen begegnet, die man heiraten könnte, sind eher selten, doch solche, an denen man gleich zweien begegnet, sind so außergewöhnlich, dass ich diesen Mann kaum vergessen kann, selbst wenn er seinen Namen und Beruf ändert und auf einen anderen Planeten zieht. Er war zur selben Zeit wie ich in Toulon, um ein Buch vorzustellen, das er mit einer kanadischen Journalistin geschrieben hatte. Sie hatte auf eine Nachricht geantwortet, die er auf einem Internetforum über Genforschung gepostet hatte. Ihre Unterhaltung war so interessant und inhaltsreich, dass daraus innerhalb von drei Monaten ein Science-Fiction-Roman wurde. Diese Erfahrung hatte ihm so gut gefallen, dass er überlegte, ob er nicht Schriftsteller werden sollte. Wie kann man nur wünschen, dass unser Leben immer unter Kontrolle ist! Das ist es nur, wenn wir uns gegenüber dem verschließen, was die Welt zu bieten hat, und immer an unseren Plänen festhalten. Ist man aber aufgeschlossen, führt uns das Spiel des Lebens in unbekannte Gegenden, an die wir sonst nicht gedacht hätten. Letzten Monat habe ich wegen einer Taxipanne mein Flugzeug verpasst. Ich musste die Nacht in einem Flughafenhotel verbringen und traf dort an der Bar einen Geschäftsmann aus Genf, der sich langweilte. Wir haben zusammen zu Abend gegessen, und dabei erzählte er mir, wie er zwischen Indonesien, Brasilien und der Schweiz hin und her fliegt und mit Zucker und anderen Rohstoffen handelt. In diesem Leben war ganz offensichtlich ein Platz für jemanden wie mich frei. Das Merkwürdige daran war nicht, dass er mir sein Herz öffnete, sondern dass dies alles durch eine Taxipanne entstanden war. Beinahe hätte ich Ja gesagt, nur um zu erfahren, was ein Fußball verspürt, wenn er durch einen Kopfball von seiner Flugbahn abgebracht wird. Ich würde jetzt in São Paulo sein, damit beschäftigt, die Wohnung eines Junggesellen umzugestalten. Ich war nicht aufgeschlossen genug. Zu ängstlich.

# Schenkel ohne Frosch

Ich höre, dass eine Französin in Togo Königin geworden ist. In Kreativität bei der Lebensgestaltung schlägt sie uns alle. Im Jahr 2000 hat sie sich dort niedergelassen, und nach vier Jahren glücklichen Zusammenlebens mit den Menschen dort hat die örtliche Bevölkerung sie traditionsgemäß in feierlichen Kostümen und mit großen Ritualen zur Königin ernannt. Sie herrscht dort jetzt über elf Dörfer und 4 500 Untertanen. Vorher arbeitete sie im Informatiksektor in Lyon. Was hat sie von einem Leben ins andere katapultiert? Ein starker Rheumatismus. Sie litt unter dem französischen Klima so sehr, dass sie nach Togo ging, um zu sehen, ob es ihr dort besser ging. Und dann passierte es. Nicht nur, dass sich ihre Gelenke erholt haben, sie ist eine ganz andere Frau geworden. Die Umgebung trägt viel dazu bei. Jeder trägt Potenziale in sich, die sich entwickeln könnten, wenn sie nur im richtigen Milieu angekommen sind. Man kann unmöglich sämtliche Milieus kennenlernen, aber festzustellen, dass man sich am falschen Ort befindet, ist lebenswichtig. Wer hat nicht fünf, zehn oder zwanzig Jahre seines Lebens bei einer mühseligen Arbeit, in einer schrecklichen Wohnung, in einem ungesunden Klima, mit einem jämmerlichen Mann verbracht, bevor er daran dachte, wegzugehen, meistens durch Zufall, Rheumatismus, Pleite, Unfall etc.?

Wir alle kennen das Froschsyndrom, das so häufig vorkommt. Die phlegmatische Amphibie kann sich in kochendem Wasser befinden, ohne sich zu bewegen, selbst wenn man die Wassertemperatur langsam steigert. Niemals entsteht ein genügend großer Schock, und so springt sie nicht hinaus. Dabei hätte sie alle Freiheiten, es zu tun. Am Ende erstickt sie im eigenen Saft, ohne nur daran zu denken, in ein anderes Becken zu springen.

Die Gesellschaft ist eine großartige Erfindung, die uns unterstützt und unsere Entwicklung fördert. Sie kann aber auch als Maschine fungieren, in der Frösche gekocht werden. Denen, die nicht wissen, dass sie von einem Becken ins nächste springen können, bleibt nur die Möglichkeit, in der Brühe zu marinieren, jeder für sich. Glücklicherweise treffe ich immer mehr Leute mit guten Springmuskeln. Sie haben sich von fixen Szenarien verabschiedet, die »für immer« gelten sollten, und erforschen nun, was sie interessiert, bis sie es gut kennen. Dann schauen sie sich um, was es sonst noch gibt. Schluss mit der Erstarrung. Ein Toningenieur wird Gartenarchitekt, ein Mathematiker Ernährungswissenschaftler. Eine

Historikerin Schauspielerin. Eine EDV-Spezialistin Königin in Togo.

Manchmal habe ich mich auch wie ein Frosch verhalten, aber das passiert mir heute nicht mehr.

# Das Gladiatorsyndrom

Viele sind der Meinung, der Welt gehe es schlecht. Das ist möglich, aber ich wäre trotzdem nicht gern früher geboren. Zum einen, weil ich dann schon tot wäre. Außerdem hätte ich dann Korsett tragen und einen von den Eltern ausgesuchten Mann heiraten müssen. Ich hätte eine Schar Kinder aufziehen müssen, meine Bücher mit einem Männernamen versehen und mich als Mann verkleiden müssen, um nach Tibet zu reisen.

Das 20. Jahrhundert hat in manchem gefehlt, aber es ist auch ein Wunder geschehen: das Coming-out der Frauen. So etwas hatte es vorher nie gegeben. Seit der Steinzeit mussten sie als Gladiatoren durchs Leben ziehen. Wir alle kennen die Sklaven, die mit einer Waffe und einem Handicap in die Arena geschickt wurden: die Füße zusammengebunden, ein Auge zugedeckt oder ein tonnenschwerer Harnisch. Sie stolperten, sie sorgten für das Amüsement der Leute, und es endete immer böse: Sie verloren ein Bein, ihr Leib wurde zerrissen, zur großen Freude der Zuschauer.

Bei Frauen ist es ähnlich. Man schickt sie los, ohne Bildung, mal sehen, was aus ihnen wird. Außerdem ohne Geld, ohne Lustempfinden, oder noch besser: ohne Klitoris. Sie haben kein eigenes Zimmer, keinen eigenen Zeitplan, ihr Gang ist unsicher, ihre Hände beschäftigt, sie tragen Lockenwickler im Haar, ein Kind auf dem Rücken. Sie stolperten, man lachte über sie, und es ging immer böse aus.

Heute hat sich der Wind endlich gedreht. Die zwanzigjährigen Mädchen von heute sind nicht mehr wie ihre Großmütter, als diese im selben Alter waren. Sie sind sie selbst und werden Ministerinnen, Astronautinnen, Ärztinnen, Journalistinnen, Globetrotter, Anarchistinnen, Betrügerinnen, alles, wozu sie sich entschließen. Es wurde höchste Zeit!

Manchmal fragen mich neugierige Leute: »Wie wirkt die Freiheit auf Sie? Erzählen Sie mir von Ihrer Vision als Frau.« Als ob man Frauenpolitik, Frauenwissenschaft, Frauenmalerei machte! Vielleicht kriegt man auch Frauenerkältungen?

Solange es Männer gibt, die glauben, sie hätten es mit einer anderen Spezies zu tun – wie etwa mit einer in den Weltraum geschossenen Eidechse –, fahren wir die Sachen gegen die Wand. In dümmlichen Debatten werden dumme Fragen gestellt. Gibt man die Idee von Rollen auf, muss man sich auch vom Casting verabschieden, von der Vorstellung, dass die Frauen Schneewittchen spielen und die Männer Rambo. Jeder ist, was er ist, ein Mensch nämlich, der ein bisschen was von Rambo, etwas von Schneewittchen und auch etwas von Polimero, Shrek, Thorgal oder der Castafiore hat, jeweils in ganz eigener Dosierung. Wir haben genug davon, verstümmelt, formatiert und eingesperrt auf dem ersten oder zweiten Kontinent zu leben – es gibt viel mehr als nur zwei Kontinente und ich möchte sie alle kennenlernen. Wir sind ganzheitliche, komplexe, vielfältige Wesen. Wir haben an Höhe gewonnen, genug, um etwas vom Land zu sehen. Wozu wäre es sonst gut gewesen, sich von der Steinzeit zu verabschieden?

# Der Auslöser

Was setzt uns in Bewegung? Eine Freundin, die Choreografin ist, erzählte mir gestern, sie habe wegen Philip Glass ein Tanzstück entwickelt. Sie wollte eines seiner Werke in Bewegung umsetzen. Sie dachte sich ein Thema aus, fand eine Struktur, einen Stil und in groben Zügen auch die Tanzschritte und Bewegungen. Dann begann sie mit den Tänzern zu arbeiten und forderte sie auf zu improvisieren. Was ihr gefiel, wurde übernommen. So entwickelte sich das Tanzschauspiel. Es gab nur ein Problem: Es passte überhaupt nicht zu der Musik. Alle waren der Meinung, dass es nicht dieselbe Stimmung habe. Da traf die Choreografin eine kluge Entscheidung. Sie legte die Musik, die sie so gern mochte, beiseite und bat einen Komponisten, eine andere zu schreiben. Dieser arbeitete entsprechend der Choreografie und das Ergebnis war perfekt. Philip Glass hat die ganze Sache nur angeregt. Nirgendwo taucht er auf, und doch verdanken wir ihm alles.

Ich komme nach Hause und denke darüber nach, dass

man die Auslöser, die uns in Bewegung setzen, oft gar nicht sieht. Ich öffne den Kühlschrank und hoffe, dass dort noch ein Nachtisch ist, und finde einen Rest Crème fraîche. Um sie zu verwerten, mache ich einen Obstsalat. Als er fertig ist, stelle ich fest, dass die Crème fraîche nicht mehr gut ist und ich sie wegwerfen muss. Jetzt esse ich den wunderbaren Obstsalat eben ohne Crème fraîche. Nie hätte ich ihn hergestellt, hätte ich nicht die Absicht gehabt, die Sahne aufzuessen. Eine nette Geschichte, aber viel mehr als das. Ich habe mich früher nur deshalb für mein Studium entschieden, weil ich in einen Jungen verliebt war und mit ihm zusammen sein wollte. Ich wollte ihn nicht aus den Augen lassen. Am Ende des ersten Jahres fiel er durch die Prüfung, änderte das Fach und wir trennten uns. Ich habe mein Diplom gemacht, ohne Crème fraîche, aber mit Obst.

Offenbar ist die Lust auf eine Sache die richtige Methode, die Lust auf anderes zu wecken. Sich aus einem bestimmten Grund auf den Weg zu machen schließt nicht aus, dass man aus einem ganz anderen Grund weitergeht. Wie oft betritt man einen Laden, weil man ein Kleidungsstück im Schaufenster gesehen hat, das einem gar nicht mehr gefällt, wenn man es anprobiert? Stattdessen findet man ein paar Schuhe hinten im Regal, die einfach fantastisch sind.

Wünsche und Projekte funktionieren wie Köder. Der erste zieht einen anderen an und auch dem folgt ein neuer. Musik bringt uns dazu, zu einer anderen Musik zu tanzen, ein Foto bringt uns auf die Idee, etwas zu schreiben, ein

Kinodarsteller, den wir an einem Abend sehen, bringt uns dazu, hinterher in unseren Partner verliebt nach Hause zu gehen. Brad Pitt taucht irgendwo auf, und doch verdanken wir ihm alles.

# Melinda und Melinda

Ich habe zwei Freundinnen, beide sind Schauspielerinnen. Die erste kommt ganz verzweifelt von einem Vorsprechen zurück. Es ging um einen so wichtigen Vertrag, dass sie nichts von dem, was sie beherrscht, zeigen konnte. Der Produzent gab sich gleichgültig und arrogant, und sie war so nervös, dass sie allen Mut verlor. Sie hat einen Groll auf das System, das in fünf Minuten den Stab über jemanden bricht, der schon zehn Jahre Berufserfahrung hat. Wenn sie ein Casting vor sich hat, verdirbt ihr das die ganze Woche.

Die andere Freundin hat sich um dieselbe Rolle beworben und den Vertrag ebenfalls nicht bekommen. Sie räumt ein, dass sie nicht die ideale Besetzung für die Rolle war, und führt in einem amüsanten Sketch die Macken des Produzenten vor. Sie nimmt gern an Vorsprechen teil, nicht weil sie unbedingt die Rollen haben will, sondern weil sie sich einen Spaß daraus macht und immer dieselbe Szene spielt: mit Aschenputtel, dem goldenen Schuh und dem Prinzen, jedes Mal eine wenig anders, mit Überraschungen und *running gags*. Für sie ist Vorsprechen wie Theaterspielen, wie Roulette, Sketche von Dick und Doof oder eine Polonaise. Sie könnte leicht an zwei Castings oder Vorsprechen pro Woche teilnehmen, so viel Spaß macht es ihr.

Zwei so verschiedene Arten im Umgang mit demselben Problem haben mich nachdenklich gemacht. Wenn meine erste Freundin sich so verhalten könnte wie die zweite, würde sich ihr Leben verändern. Das ist sicher, aber sie muss auch den richtigen Weg finden, es in die Tat umzusetzen.

Was mir im Alltagsleben die Laune verdirbt, sind der Haushalt (vor allem Staubsaugen) und die Besuche bei Tante Georgette, die sich permanent über ihr Schicksal beklagt. Kann man mit solchen Plagen locker umgehen? Ich kenne Leute, die es schaffen würden. Eine Freundin nutzt die Hausarbeit zum bewussten Meditieren (Hör genau auf den Lärm, der dich stört, dann erkennst du die Musik, die darin steckt), zwei Cousins, die in Tante Georgette eine begabte Schauspielerin sehen, die ein Casting gewinnt (wie Tante Danièle in dem gleichnamigen Film), und der Meinung sind, man solle sie für den Oscar vorschlagen. Ich habe viel von ihnen gelernt. Zwei Wochen lang ging es besser, dann war ich wieder von allem genervt. Außerdem stört mich der Papierkram, alle die Ämter, die sich beschweren, obwohl bei mir alles in Ordnung ist, oder nicht antworten, wenn ich etwas von ihnen will. Wie mir das auf den Wecker geht! Einfach unerträglich diese Termine. Mich als eine gestandene Frau so zu behandeln!

Wenn ich meine beiden Freundinnen so nebeneinander sehe, dann wird mir eines klar: Könnte ich mich von außen betrachten, würde ich fragen, warum ich mich so aufrege. Ich sollte mich lieber über die Macken des Produzenten in einem Sketch für meine Freunde lustig machen. Sonst werde ich noch, wenn ich das Grau des Alltags zu ernst nehme, wie Tante Georgette zu einer Plage für andere.

# Der feste Bezugsrahmen

Im Moment sitzt er noch im Flugzeug. In ein paar Stunden sehen wir uns wieder. Vieles in meinem Leben dreht sich jetzt um einen Mann, den ich vor vier Jahren noch nicht kannte. Mit Kindern ist es genauso. Oder wenn man ein Haus baut oder eine neue Arbeit findet. Wenn man sich für Tango oder Tiefseetauchen begeistert. Das Leben ändert sich manchmal von Grund auf. Wahrscheinlich haben die Dinge, die sich nicht ändern, ganz gleich, was passiert, deshalb so viel Macht über uns. Die Familie zum Beispiel. Meine Schwester war immer meine Schwester und wird es bleiben. Auch unser Körper ist uns geradezu beispielhaft treu, ich werde immer Schuhgröße 39 haben. Auch die soziale oder geografische Herkunft bleibt uns erhalten. Mit Kindern ist es ein wenig anders. Wenn sie geboren werden, ändert sich das Leben tief greifend, und dann sind sie da, denn zurückgeben kann man sie nicht. Man kann sich gegen Kinder entscheiden, das ist aber schon das Einzige. Ach nein, ich habe noch etwas vergessen, den Freitod. Aber danach ist man ja nicht mehr da und kann den Unterschied gar nicht feststellen.

Dinge, die sich verändern, interessieren mich mehr als die, die es nicht tun, denn ich möchte so viel wie möglich ausprobieren. Bei genauerem Nachdenken stellt man fest, dass es viel weniger veränderliche Dinge als bleibende gibt. Ich bin ein Säugetier, gehe auf zwei Beinen, bin eine Frau, Tochter, Schwester, Mutter, Europäerin, im 20. Jahrhundert geboren, weitgehend durchschnittlich, habe keine Behinderung, bin 1,75 Meter groß und allergisch gegen Gluten. Dies ist der Rahmen, in dem sich mein Leben bewegt, und er hat mehr Einfluss, als ich zugeben möchte. Wäre ich Äthiopierin, bildschön und beschnitten, sähe mein Lebensrahmen ganz anders aus. Genauso ist es bei den Zwängen, denen die Kunst unterworfen ist. Folgt man einem bestimmten Regelwerk, kann man so viele Sonette schreiben, wie man will, vom einfachsten bis zum erhabensten, einen Haiku aber kann man nicht verfassen. Und umgekehrt.

Manchmal empfindet man die festen Größen als Gefängnis. Man wäre gerne Libelle oder Gepard, ein Mann aus Japan, lebte gern in Babylon vor Erfindung der Schrift, würde gern wissen, was im 23. Jahrhundert geschieht, ein absolutes Gehör haben, wäre gern Synästhet oder ein Rechengenie, wäre gern gut in Form, Linkshänder, würde gern die Gegebenheiten ändern. Doch diese bleiben ja gerade, was sie sind. Deshalb ist es besser, man wird Dichter und verwendet seine Begabungen für das

Schreiben von Sonetten. Nietzsche sagte: »Frei ist, wer in Ketten tanzen kann.« Also tanzen wir! Gestern war ich auf einer Tanzfläche und dachte, wir machen alle fast dieselben Bewegungen, weil wir alle ein Skelett und Gelenke von gleicher Art haben. Gern hätte ich mich in einen Salamander oder rosa Flamingo verwandelt, nur um die Ketten auszutauschen, mich anders zu bewegen, meine Knie in die andere Richtung zu beugen oder mich an die Decke zu hängen. Trotz allem gibt es Leute, die mit unerhörter Grazie tanzen.

# Freiheit, Gleichheit, Angst

In der Strandbar eines Dorfes in Marokko spreche ich mit einem jungen Mann, der mit Touristen Ausflüge zu Pferd unternimmt. Er trägt Jeans und Turnschuhe, trinkt Bier und raucht Zigaretten, während er sich mit jungen Marokkanerinnen ohne Schleier unterhält, die ebenfalls Bier trinken. Zweifellos ist er Teil des modernen Marokko. Ich frage ihn nach den neuen Gesetzen über die Emanzipation der Frau. Er runzelt die Stirn. »Freiheit ist nicht gut. Die Leute haben nicht genug Wissen und Bildung und machen nur Dummheiten.« Ich sehe ihn erstaunt an und frage, was er damit meinte. »Seit die Frauen sich scheiden lassen dürfen, ist es die reinste Epidemie. Das ist für Marokko nicht gut. Früher blieben die Frauen zu Hause, auch wenn es schwierig war, und die Kinder waren immer gut versorgt.« Da sieht man, dass Bier und Zigaretten noch kein modernes Marokko bedeuten, Dieser junge Mann ist schwer gestresst.

Er hat Angst, zu heiraten, da sein Bruder mit achtunddreißig Jahren schon zum zweiten Mal geschieden ist.

»Die Ehe ist schwierig geworden, sehr schwierig«, sagt er traurig.

Jemandem zu begegnen, und zwar auf gleicher Ebene, ist tatsächlich nicht einfach, besonders wenn man sich vorher darauf beschränken konnte, ihn zu vereinnahmen. Es ist also einige Anstrengung notwendig. Mein Großvater war der Meinung, dass Frauenrechte schädlich für Frankreich seien. Meine Großmutter gab ihm darin auch noch recht. Sie rechtfertigte ihre Gefangenschaft, die sie sich nicht selbst ausgesucht hatte, und kritisierte unverblümt das unverantwortliche Verhalten der »flatterhaften Geschöpfe«, die vor aller Augen einen anderen Weg gingen. Mein Vater fand sich mit der neuen Zeit ab. Er wusste, dass man das Rad nicht zurückdrehen kann. Die Frauen konnten sich inzwischen frei bewegen, und man musste damit umgehen, auch wenn es einem schwerfiel. Er war erleichtert, dass es ihm durch sein diplomatisches Verhalten gelungen war, seine Frau zweiundfünfzig Jahre zu behalten. Mein Mann … oh nein, ich habe nicht geheiratet, man muss es ja nicht mehr. Heutzutage kann man für sich allein existieren. Man kann wunderbare Männer kennenlernen, die in der Lage sind, einen so, wie man ist, zu schätzen, ohne dass man dabei ein Rollenklischee erfüllen muss. Sie können Freunde, Kollegen, Vertraute, Liebhaber, Teilhaber, Kumpel, Verwandte sein, von allem ein bisschen, entweder ist es derselbe Mann oder mehrere. Man kann sich täuschen und neu beginnen. Die Kinder werden mit verschiedenen Erwachsenen groß und sind immer versorgt. Die Frauen sitzen nicht mehr in der Klemme. Man kann sich ändern, und nichts daran ist schlimm. Man kann sich in den Spiegel schauen, endlich. Man kann leben, ganz offen, ohne Angst, mit Lust und Laune. Najib hat recht, es mangelt den Leuten an Wissen und Bildung. Die Freiheit des anderen anzuerkennen kann man jedoch lernen.

# Das Glück ist schon da

Wie oft wurde den Leuten schon erzählt, was für eine strahlende Zukunft sie erwartet, was hat man ihnen nicht alles für später versprochen! Meine Nichte, die ihr hübsches Gesicht stundenlang über Gesetzestexte beugt, hat mir erzählt, dass die Professoren an der Uni ihre Studenten gerne damit warnen, sie müssten die Besten sein, denn ganz gleich, wo sie später hinkämen, immer sei da jemand, der noch mehr gearbeitet habe und qualifizierter sei. Da bleiben einem nichts als die Hoffnung und guter Wille. Tief durchatmen und büffeln wie verrückt. Die Zähne zusammenbeißen und auf den Tag warten, an dem man endlich leben darf. Aber wenn man vierzig ist ... kommen einem auch Zweifel. Wo bleibt die schöne Zukunft? Was hat man im Leben geerntet? Nichts als Krisen. Die Midlife-Crisis. Die Finanzkrise. Die Klimakrise. Und immer neue Warnungen, schlimmer als die früheren, und man kann nur sagen: Mit der schönen Zukunft stimmt etwas nicht.

Vielleicht sehen wir alles falsch. Nicht die Zukunft soll strahlen, sondern wir. Wenn wir es aber heute nicht tun, wie sollen wir es dann morgen können? Die Schaltung ist verrostet, unbeweglich, wir sind sprachlos und bedauernswert. Wir können die schönen Dinge nicht mal mehr erkennen. Wir haben uns so sehr daran gewöhnt, alles, was nicht *wichtig* oder *nützlich* ist, abzulehnen, und unsere Papillen schmecken nichts mehr, unsere Haut fühlt nichts mehr, unsere Ohren sind verstopft und unsere Augen schielen auf die Steuererklärung. Lächeln ... was war das noch mal? Wir empfinden kein Glück mehr und sind verkümmert wie Bonsais.

Ich kann dies deshalb so deutlich sehen, weil ich eine Freundin habe, die sich die Flügel nicht hat stutzen lassen und deren Leben immer von Vogelgesang erfüllt ist. Diese Freundin hat mir von ihrer Freundin Aurelia erzählt, die permanent Lebensfreude ausstrahle. Sie ist etwas ganz Besonderes, dabei führt sie ein Leben wie andere auch. Sie steht früh auf, geht ins Büro, kauft ein, liest Bücher, manchmal einfache und manchmal schwierige. Was sie macht, das macht sie richtig, sie ist ganz auf der Höhe, wie eine aufgeblühte Blume und beglückt ihre Umgebung mit ihrer Gegenwart, ihrer Stimme, ihrem Lachen ... Wenn man zu ihr sagt, sie strahle, dann fällt sie aus allen Wolken. Was? Sie solle anders sein als andere? Aber nein. Sie sei einfach nur lebendig.

Andrea und ich sind uns einig. Leute, die lebhaft sind, geben unserem Leben Fülle. Dies ist ein Geheimnis in greifbarer Nähe, nicht so weit weg wie morgen. Das Geheimnis ist Heute. Lachen, Lieben, Singen, heute.

Wie viel Uhr ist es? Wenn der Tag nicht zu Ende ist, dann haben wir noch Zeit. Auch um 23 Uhr 45. Eine Viertelstunde genügt, um den Deckel anzuheben und das, was schon da ist, zum Singen zu bringen.

# Leben zwischen den Zeilen

Welches Werk der Literatur kann sich mit einer guten Zeitung messen?«, fragt Louis Calaferte in seinen Notizbüchern, von denen es sechzehn Bände gibt. Er fand Geschichtenerzählen eitel und zog aller Fiktion die Poesie des Lebens vor.

Manche Menschen können diese Poesie direkt wahrnehmen – sicher kennen auch Sie Leute, die über Wirklichkeit staunen können. Sie machen schon beim Brotkaufen große Augen. Nach fünfzehn Jahren Zusammenleben sehen sie in ihrem Partner etwas ganz Besonderes. Diese Leute brauchen keine Romane zu schreiben oder Filme zu drehen. Sie stehen im Zentrum eines atemberaubenden Abenteuers. So ist es bei kleinen Kindern und einigen meiner Freunde. Treffe ich sie, vermitteln sie mir spontan das Gefühl, dass ich etwas Außergewöhnliches erlebe: Es kann bei einer Autopanne oder an der Kasse eines Supermarktes sein. So eine Einstellung gegenüber der Welt hätte ich auch gern.

Bei den meisten Menschen nimmt die Fähigkeit, zu staunen, mit jedem Tag ab, und sie müssen Methoden entwickeln, um wieder intensiver zu leben. Sie verschließen sich vor der Welt und verkriechen sich in Theater, Lektüre und Wachträume oder verfassen selbst Bücher. Sie fühlen sich wohl, wenn das Echo, das sie empfangen, sie davon überzeugt, dass die Welt doch nicht so langweilig ist, und so oszillieren sie ständig zwischen Fiktion und Wirklichkeit hin und her. Ich spreche von Ihnen und mir. Von all jenen, die sich regelmäßig die Frage stellen, ob sie besser schreiben sollen als leben oder lieber lesen sollen als leben. Es ist dieselbe Frage, nämlich die, ob man Geschichte macht oder über sie liest. In beiden Fällen hält man sich über Wasser mithilfe dessen, was es nicht gibt (wie Paul Valéry sagte). Man kann das nicht besonders verdienstvoll finden, aber wenn das Künstliche die Wirklichkeit nicht verschleiert, sehe ich darin nichts Schlimmes. Alle möglichen Geschichten wirken bei Leuten, die nicht gut hören, wie Resonanzkästen. Ach ja, die Liebe! Ja, der Zufall! Körper, Gefahr, Kampf, Freundschaft, Natur! Fast hätten wir sie vergessen. Es gibt viele Werke, die einen an all das erinnern. Bücher, Filme, Konzerte, Ausstellungen, die einen anregen und Lust auf das eigene Leben machen

»Wo soll man diese Begeisterung ständig hernehmen?«, fragte Calaferte. Auch aus Romanen, die einen anderen Blick auf die Wirklichkeit werfen und ihr mehr Profil geben.

# Was für eine schöne Briefmarke

Manchmal erhalte ich Postkarten oder Briefe von Fred, der vierzig Jahre alt und neugierig auf das Leben ist. Er hat aus Überdruss eine Beziehung beendet und ist ein fröhlicher Junggeselle. Nicht dass er sich nicht festlegen will. Er sieht nur nicht ein, dass er sich, solange er glücklich ist, hinter Mauern begeben sollte. Manchmal trifft man ihn im Kino an der Ecke, manchmal am Ufer der Seine am Arm einer Musikliebhaberin, die er in einem Konzert kennengelernt hat. »Da das Leben ein Roman ist und Schriftsteller viel lesen sollten«, schickt er mir von jeder Reise eine Karte, die auf mich wirkt wie eine frische Brise. Heute schrieb er mir aus dem Yellowstone-Nationalpark Folgendes. »Dieses Mal allein vorausgefahren. Clémence (seine augenblickliche Freundin) kommt in vierzehn Tagen nach, und wir wollen zusammen hoch in den Norden fahren. Am Bahnhof dachte ich: Und wenn sie nicht käme? Wir sind zusammen, wie Du weißt, aber ihr geht Freiheit vor alles. Das mag ich an ihr: die Unvorhersehbarkeit. Wir haben uns an der Rolltreppe geküsst und dann, *bye-bye, baby,* sind wir gegangen, ohne uns umzudrehen. Da passierte etwas Wesentliches, wie immer, wenn ich meiner Wege gehe. Das Leben kommt wieder in Schwung. Der Blick weitet sich, man lächelt, das Unbekannte erhält Farbe. Wenn man nichts braucht, bieten sich einem immer neue Landschaften dar. Im Zug hat mir eine Engländerin von einem verblüffend guten Flamencotänzer erzählt. Vor dem Einsteigen habe ich mich mit einem Kinderneurologen unterhalten, der epileptische Kinder am Gehirn operiert und im Sommer ein Hotel in der Bretagne renoviert. Im Flugzeug hat eine Omi, die neben mir saß, von ihrer Tochter in Quebec erzählt und mir Fotos von ihren Enkeln gezeigt. Plötzlich begann das junge Mädchen neben mir unruhig zu werden. Auch sie ist mit ihrem Rucksack unterwegs ins weite Land, doch sie ist besorgt. Kommt ihr Freund, der in Paris geblieben ist, wirklich in zehn Tagen nach? Sie spricht von ihren Zweifeln und ihrer Angst, ihn zu verlieren. So sind wir beide in der gleichen Situation, aber unsere Sichtweise ist völlig anders. Sie hat eine Höllenangst und ich bin im siebten Himmel – ich bin mir bei Clémence nicht sicher, aber warum soll ich mich deshalb aufregen? Leben andere wirklich so, dass sie sich ständig Sorgen machen, beunruhigt sind, Kummer haben, nur damit sie beschäftigt sind? Ich nehme mir vom Leben, was sich mir bietet, und so geht es immer weiter. Küsschen.«

Wenn Fred Ferien hat, muss er sich nicht nach dem Kalender richten. Er ist frei, hier und da, mittendrin, kürzer oder länger. Er genießt das Schöne in vollen Zügen, bis der gelebte Augenblick vorbei ist. Ich könnte mich fast in ihn verlieben. Die Briefmarke ist schön. Darauf ist ein Geysir zu sehen.

# Tapetenwechsel

An einem Tag treffe ich zwei Französinnen, die früh Witwe geworden sind und so verzweifelt waren, dass es sie nach Tahiti verschlagen hat. Um ihren Kummer zu überwinden, haben sie einen Tapetenwechsel vollzogen. Die eine hat ein Geschäft aufgemacht und handelt mit schwarzen Perlen. Sie hat sich in der Nähe der Perlenfischer niedergelassen. Sechs bis acht Monate im Jahr lebt sie auf den Inseln und reist für den Rest der Zeit in Länder, die Perlen importieren. Die zweite Freundin hat ihren Sohn, der damals vierzehn war, gefragt, wo er ein neues Leben beginnen wolle, und der Junge hat sich ein möglichst entferntes Ziel ausgesucht. Sie hatte keine Pläne und begann als Serviererin in einer Snackbar. Heute ist sie in einer Maklerfirma beschäftigt. Erst war ihr Leben vorgezeichnet durch einen Ehemann, der Hauptverdiener war, jetzt haben sich die beiden Frauen einem ganz neuen Leben an einem unbekannten Ort zugewandt.

Tahiti gefällt ihnen heute wunderbar. Sieht man sie,

kommt man unwillkürlich auf den Gedanken, dass der Tod ihrer Männer vielleicht gar nicht so schlecht für sie war. Dabei liebten diese Paare sich sehr und der Schock des Verlusts war furchtbar. Welche Ressourcen dieser Schock allerdings zutage gefördert hat, ist erstaunlich. Beide haben – die eine für sich selbst, die andere auch für ihren Sohn – große Findigkeit und Intelligenz bewiesen, die sie vielleicht als Ehefrauen nie hätten entwickeln können. Warum stecken wir oft, wenn wir zu zweit leben, so weit zurück?

Hier noch ein Beispiel, dass es auch genau umgekehrt sein kann. Eine Frau aus der Bretagne, eine begeisterte Seglerin, ist zu einer Weltumsegelung aufgebrochen, als sie den richtigen Begleiter gefunden hatte. Weder sie noch er wäre allein losgefahren, doch zu zweit fanden sie den Mut, ihr ganzes Geld in ein Boot zu stecken und ihre Kasse bei den Zwischenaufenthalten mit dem Verkauf von Pizza zu füllen. Ohne diesen Mann wäre sie zu Hause geblieben. Bei den beiden Frauen in Tahiti war es genau umgekehrt. Sie konnten nicht wissen, als sie die Liebe ihres Lebens heirateten, dass sie dies davon abhalten würde, in ihrem Werkzeugkasten nachzusehen, um herauszufinden, wozu sie in der Lage sind. Sich auf jemandem auszuruhen kann leicht zu Untätigkeit führen. Eigentlich sollte man erst mit fünfzig heiraten, wenn man weiß, was man alles kann. Dies geschieht ja auch immer öfter, nach einer oder zwei Scheidungen, wenn man begreift, wer man ist. Man sollte seiner selbst so früh wie möglich klar werden. Wer man ist, was man will, was man kann. Wenn man als Paar zu sehr aneinanderklebt, ist dies nicht einfach. Manchmal geschieht es erst, wenn sich die Konstellationen ändern.

Dafür kann man übrigens auch selber sorgen ...

# Ein einfacher Gummiball

Werfen Sie einen Ball gegen die Wand. Dann sehen Sie, wie er für eine Sekunde die Wand berührt. Bringen Sie an der Wand ein elektronisches Messgerät an, das den Druck in einer Tausendstelsekunde misst. Werfen Sie den Ball erneut. Auf dem Bildschirm Ihres PC entsteht eine Riesenkurve und zeigt Ihnen ein Phänomen, das Sie mit Ihren Augen nicht wahrnehmen können. Denn in dem Aufprall, der den Bruchteil einer Sekunde gedauert hat, gab es zwölf Tausendstelsekunden, von denen keine war wie die andere. Wenn der Kontakt einmal hergestellt ist, kehrt sich die Bewegung um, der Druck lässt nach, und dann, sechs Tausendstelsekunden später ist die Berührung zu Ende.

Es ist seltsam, diesen kurzen Aufprall als runde Kurve zu sehen. Zuerst kann man beides gar nicht zusammenbringen. Man sagt sich, dass das Gerät spinnt. Denn sieht man sich die Einheiten an und realisiert, dass all dies nur zwölf Tausendstelsekunden gedauert hat, man kann also von dieser Bewegung gar nichts wahrnehmen.

So kann ein einfacher Gummiball viele Dinge verbergen. Und die Natur erst mal! Mit unseren Wahrnehmungsorganen verfügen wir über winzige Fenster zur Welt. Die Wissenschaft ist darauf angewiesen, diese Fenster zu erweitern. Ein Stock, eine Lupe, ein Stethoskop, eine Antenne, ein Scanner, ein Lasergerät … lauter Prothesen, mit denen wir sehen, was uns sonst entgeht. Es gibt magnetische Felder, Radiowellen, Elektrizität und Radioaktivität, die kosmische Strahlung und die Neutrinos … wir waren von jeher von ihnen umgeben, ohne die geringste Ahnung davon zu haben. Auch von allem, was zu weit entfernt war, den Sonnenstürmen, den verborgenen Seiten des Mondes, den Asteroiden, den Doppelsternen, den Galaxien. Dem, was zu nah war: den Zellen, Molekülen, Bakterien, Viren, Atomen, Quarks. Dem, was zu schnell war: dem Blitz, der Zunge des Chamäleons, dem Zurückschnappen eines Gummibands. Und dem, was zu langsam war: der Verschiebung der Kontinente, der Erosion, dem Altern der Sonne. Alles war da, wir auch, doch wir waren blind und taub.

Was werden wir in dieser unerschöpflichen Wirklichkeit noch entdecken? Wie viele Kaninchen im Hut warten noch darauf, dass sie an die Reihe kommen? Für die nächste aufsehenerregende Schlagzeile sorgt vielleicht jemand, der sich die Frage stellen kann, was passiert, wenn er einen banalen Gummiball gegen eine Wand wirft.

# Charlines Ferien

Meine Freundin Charline erzählt mir, dass sie in einem Nudistencamp in Ferien war. Ich falle aus allen Wolken: »Zusammen mit Ralph?« Ich weiß, dass sie ihn schon in diverse Abenteuer mit hineingezogen hat und er hinterher verärgert und enttäuscht war. Also rechne ich mit dem Schlimmsten. Sie aber versichert mir begeistert:

»Es waren die schönsten Ferien unseres Lebens.«

»Hat ihm das wirklich gefallen?«

»Ja, er war selbst überrascht. Er glaubte fest, dass er dafür nicht geschaffen sei und wir jegliche Lust aufeinander verlieren würden, aber genau das Gegenteil passierte. Er fand es wunderbar, mich den ganzen Tag ohne Kleider zu sehen, und war in bester Stimmung. Mehr als zehn Tage haben wir das Anwesen überhaupt nicht verlassen.«

Wie war sie nur auf die Idee gekommen, dorthin zu fahren?

»Ich habe es nicht geplant gehabt. Nie hätte ich ihm so was vorgeschlagen. Eine Cousine hat mich eingeladen, auch dorthin zu kommen, ohne mir vorher zu sagen, dass es ein Nudistencamp war. Sie dachte, ich wüsste es. Als wir ankamen, wollten wir gleich wieder umkehren, aber sie sagte, wir sollten es wenigstens vierundzwanzig Stunden lang versuchen, und so ergab sich alles Weitere. Wir mussten nicht mal unsere Koffer auspacken. Bei der FKK braucht man keine Wäsche!«

Ralph ist inzwischen bekehrt und freut sich schon darauf, im nächsten Jahr wieder hinzufahren. Er hätte nie erfahren, dass er im tiefen Innern selbst Nudist ist, wenn er nicht durch Zufall in die Lage gekommen wäre, es auszuprobieren. Manchmal verdankt man dem Zufall eine ganze Menge, auch wenn man mit allen Mitteln versucht, sich davor zu schützen. Immer wieder schafft er es, uns beizubringen, wer wir sind. Dies geschähe kaum, wenn wir nur unseren bekannten Neigungen folgen würden.

Im Leben bieten sich viele Möglichkeiten, und jede Unternehmung zeigt uns eine neue Lebensform. Malen, Skifahren, Lieben, Kochen ... jede Erfahrung ruft andere Ressourcen in unserem Körper und Hirn wach, und es ist ganz unmöglich, zu wissen, über welche Ressourcen wir verfügen, wenn wir uns nicht auf dies oder jenes einlassen. Danach kann man immer noch auswählen, was einem am besten gefällt, aber man weiß wenigstens, worum es geht. Im Voraus darüber zu urteilen, was zu uns passt und was nicht, ist einer unserer häufigsten Fehler. Ein Lehrer, an den ich mich mit Dankbarkeit erinnere, hat mich auf Bücher aufmerksam gemacht, die mich überhaupt nicht interessierten. Ich erlebte eine Überraschung nach der anderen. Seither lehne ich unpassende Vorschläge nie mehr ab. Und so bin ich begeistert von Tiefseetauchen und *street dance*. Es gibt noch viele Dinge zu erkunden. Wer weiß, ob ich nicht eines Tages ins Eurodisneyland fahre oder zu einem Fußballspiel gehe.

# Nein zum Nein

Ich habe die Geschichte einer Frau gehört, die plötzlich erfuhr, dass ihr Mann vor einigen Jahren eine Liaison mit einer anderen Frau gehabt hatte. Sie war in ihrem Selbstwertgefühl tief verletzt, nahm nichts anderes mehr wahr, schrieb ihren Kindern einen Abschiedsbrief und schluckte eine Packung Schlafmittel – in einer Nacht, in der sie allein war und sicher sein konnte, dass es gelang.

Ein Freund hat mir von seinem Neffen erzählt, der seine dreiundzwanzigjährige Verlobte durch einen Autounfall verlor. Manche Familien werden durch einen Wink des Schicksals ins Unglück gestürzt. Und dort, wo es (noch) keine Tragödien gibt? Dort gibt es oft langsame dramatische Entwicklungen. Eine Freundin verschläft ihr Leben, weil sie sich nicht traut, etwas zu ändern. Ein Paar häuft Missverständnisse an, weil beide nicht dem Bild entsprechen, das sie bei ihrer Heirat voneinander hatten. Sterben, Sterbenwollen oder Auf-den-Tod-Warten, manchmal glaubt man, dass es keine andere Lösung gibt.

Doch es gibt immer Orte, an denen die schönen Dinge des Lebens eine Chance haben, wo es Feuerwerke und Sahnehäubchen gibt, man muss sie nur suchen, ergreifen und sich Mühe geben, sie auszuweiten. Man kommt nicht über eine Rolltreppe zur Entfaltung, diese führen alle in Langeweile, Hochmut, Heuchelei und in den Tod. Man muss ein neues Programm entwickeln, sich bewusst anstrengen. Sich daran erinnern, dass man am Leben ist, was an sich schon erstaunlich ist, zu der Überzeugung gelangen, dass man so oder so leben könnte und nicht unbedingt wie eine Kuh im Stall. Die Spannungen im normalen Leben erinnern mich oft an Akrobaten, die versuchen, in eine Streichholzschachtel zu kriechen. Warum so eng gesteckte Ziele? Warum verkleinert man sein Leben, bis man es nicht mehr sieht? Ein Freizeit-Soziologe stellte folgende schöne Frage: Wie kommt es, dass das Nein so attraktiv ist und man vor dem Ja solche Angst hat? Liegt es daran, dass uns Ängstlichkeit, Unbehagen und geistige Enge bestimmen? Oder ist es der Preis, den wir für etwas zahlen, dass uns wichtiger ist als alles andere? Vielleicht die Sicherheit? Liegt nicht das größte Risiko darin, kein Risiko einzugehen? Bequemlichkeit ist eine Gefahr, denn an dem Tag, an dem wir vom Stuhl fallen, sind wir völlig verknöchert, und es ist schwer, wieder aufzustehen.

Bevor uns ein Unfall zustößt, sollten wir besser sehen, ob wir nicht zu sehr an unserem Stuhl kleben, ob wir nicht die anderen zwingen, auf dem ihren sitzen zu bleiben.

Ordentlich verheiratet, allwissende Eltern, vorbildliche Angestellte zu sein, das wäre ja alles gar nicht schlimm, wenn wir nicht vergäßen, zu leben, leben zu wollen und andere leben zu lassen.

# Tanzen Sie jetzt

Es war der letzte Abend in Barcelona, zusammen mit drei Freundinnen. Wir hatten in unserem Viertel eine schöne Bar gefunden, eine Art Künstlerlokal, und es sollte dort ein *African-Beat*-Abend stattfinden, und wir freuten uns darauf, zum Abschied von unserer Reise tanzen zu gehen. Wir gingen um neun Uhr abends hin, wollten etwas essen und uns einen schönen Tisch für den Abend suchen, der um elf Uhr anfing. Die Bar hatte gerade erst geöffnet und keine Menschenseele war drin. Wir beschlossen, anderswo zu essen. Unterwegs hörten wir aus einem Keller Musik, sehr schöne Musik. Als wir reingehen wollten, hieß es: »Geschlossene Veranstaltung. Haben Sie eine Einladung?« Der junge Mann bemerkte unsere enttäuschten Gesichter und hatte ein Nachsehen. »Nicht so schlimm, kommen Sie rein und trinken Sie ein Glas.«

Ein schöner gewölbter Keller, Gegenwartskunst an den Wänden, es war eine Vernissage, sehr chic, aber auch cool. Es gab eine Höllenmusik und keiner bewegte sich.

Ein guter Grund, die Tanzfläche zu bevölkern. Wir vier fingen an, und eine Viertelstunde später tummelte sich die ganze Gesellschaft dort. Man bot uns Getränke und verschiedene Tapas an. Um halb elf machten wir uns auf den Weg in die andere Bar. Es waren auch jetzt kaum Leute da, und man sagte uns, der DJ komme erst gegen Mitternacht. Na gut. Gingen wir eben anderswohin. Wir kamen an einem brasilianischen Café vorbei, in dem eine Gruppe Samba spielte, Gitarre und Percussion. Wir fingen an zu tanzen, gar nicht so leicht bei dem Rhythmus. Die Brasilianer applaudierten und zeigten uns ein paar neue Schritte. Wir wurden besser, aber wir wollten zum *african beat*. Wir kamen dort an, zwanzig Leute im Raum und nur einer bewegte sich, denn der DJ war immer noch nicht da. Also gut, dann ohne uns. Wir mussten noch packen und um fünf Uhr aufstehen. Seit drei Tagen hatten wir uns auf den afrikanischen Abend gefreut, aber wir hatten ja die Vernissage und die brasilianische Bar erlebt, beides improvisiert und doch ein wunderschöner Abend. Wenn wir im Leben immer auf das angekündigte Menu setzen würden, würden wir meistens enttäuscht nach Hause kommen. Wenn man immer auf das wartet, worauf man sich im Kopf eingestellt hat, erscheint einem alles Erlebte wie auf Konzeptpapier geschrieben. Ergreift man aber die Chance, die sich einem spontan bietet, kommt man dabei manchmal auf seine Kosten und sogar noch mehr. Vorausgesetzt, man fängt gleich an zu tanzen, sobald man eine Tanzfläche sieht und nicht erst nächste

Woche, wenn die andere Bar voll ist. In der Fabel heißt es: Tanzen Sie jetzt. Nicht morgen. Und jetzt drehe ich die Musik lauter ...

# Ein passender Abschnitt

Ich habe eine Ausbildung gemacht, weil man es tun muss, so wie man auch die Wohnung sauber machen muss. Keiner nimmt einem das ab. Später habe ich tausend Themen entdeckt, die mich viel mehr interessiert hätten als die schrecklichen Kurse in Buchhaltung. Ich versuche, mich in die Vergangenheit zurückzuversetzen, aber es ist unmöglich, zu verstehen, wieso ich damals nicht die Beine in die Hand genommen habe. Mir scheint, ich war wie ein Paket auf einem Lastenaufzug, das wartet, bis er anhält. Oft ist das Leben wie in dem Lied von Dick Annegarn (sinngemäß so): »Ich bin ein schlafendes Elefantenbaby. Würden Sie mich bitte wecken?« Mich hat niemand aufgeweckt, und es hat Jahre gedauert, bis es endlich in meinen Beinen kribbelte. Nach mehreren Erfahrungen ähnlicher Art habe ich mir feierlich selbst versprochen, nie mehr die Dinge schleifen zu lassen und aus dem warmen Wasser zu springen, bevor ich gekocht werde. Aber woher soll man wissen, ob man langsam verfault oder nicht? Zehn Jahre später weiß man so etwas genau, aber wie ist es, während man drinsteckt? Schlafe ich ein? Könnte ich etwas Besseres machen? Wie wäre es, wenn ich nach Argentinien ginge?

Jemand erzählte mir von einem Mann, der eine radikale Lösung gegen Sesshaftigkeit hatte. Alle fünf Jahre zog er in ein neues Land, nahm eine neue Frau und begann eine neue Arbeit. So machte er es tatsächlich. Man kann einen solchen Erneuerungswillen eigentlich nur begrüßen, doch übertreiben sollte man damit nicht. Wer jedes Jahr oder jeden Monat etwas Neues anfängt, kommt mit allem in Berührung, kann es aber nicht richtig schmecken. Ein Mann, der fünfhundert Frauen verführt hat, mag ein Eroberer sein, doch in der wahren Liebe ist er ein Versager. Selbst im Bett verpasst er Wesentliches, was sich im Lauf der Zeit erst entwickelt. Die erste Umarmung ist oft ohne Geschmack, nur eine Kontaktaufnahme, die unpersönlich bleibt. Wenn man sich aber Nacht für Nacht am anderen reibt, entwickelt sich der Geschmack immer mehr und immer unnachahmlicher. Bis zum Überdruss, der sich irgendwann einstellt, ohne dass man genau weiß wann. Fünf Jahre scheinen ein guter Kompromiss zu sein. In Fünfjahresabschnitten zu leben müsste man einrichten können, ohne dass man als verrückt gilt. Man sollte alle Verträge aus Prinzip auf fünf Jahre begrenzen und, wenn man von etwas immer noch überzeugt ist, die

Zeit verlängern. Zugleich sollte man immer wieder munter und aufgeweckt die Gelegenheit nutzen, sich anderswo umzusehen.

# Das Leben kann nerven

Ich kenne viele asoziale Leute, jeder ist es auf besondere Art. Man fragt sich, wie es möglich ist, auf so unterschiedliche Weise nicht normal zu sein. Es gibt Zyniker, Rebellen, Schwerfällige, Ekel, Trottel, notorische Lügner, Giftzwerge … Sie fassen nie richtig Fuß. Mit Staunen habe ich eine junge Frau beobachtet, die sich ständig auf etwas Neues einlässt. Sie weiß immer, was ihr zu ihrem vollkommenen Glück fehlt, und ist bereit, alles Notwendige zu tun, um diesen Mangel zu beheben. Sie tut es also, aber schon bald wird ihr klar, dass es nicht genügt. Sie weiß sehr bald, was ihr gegenwärtig fehlt, und macht sich auf, um alles wieder zu verändern, entschlossen und mutig. Mit achtzehn war sie überzeugt, dass sie Künstlerin werden wollte, und ging an die Kunstakademie. Dann war sie von ihren Bildern enttäuscht, gab zur Verärgerung ihrer Professoren kurz vor dem Abschlussexamen auf. Sie machte Kurse in Physiotherapie, eröffnete einen Massagesalon, den sie nach zwei Jahren wieder schloss, zum Schaden ihrer Kunden.

Eine Konditorei würde sicher gut laufen. Sie stellte Kuchen her und verkaufte sie an Restaurants, die damit sehr zufrieden waren. Schneller als ihr Erfolg war ihre Langeweile. Ihr war bewusst, wie wenig ausdauernd sie ist, und schloss einen Vertrag mit einer Arbeitsvermittlung für Zeitarbeit. Bald kündigt man ihr, weil sie nie bis zum Ende durchhält, dabei hat sie immer zur Zufriedenheit ihrer Arbeitgeber gearbeitet.

Was sie störte, war das Land, das ihr langweilig schien. Sie wollte lieber in London leben, wo es aufregender ist. So zog sie um und fand auch eine Arbeit. Die Lebenshaltungskosten dort öffneten ihr die Augen. Sie musste für die Miete den ganzen Tag arbeiten und für alles Übrige Überstunden machen. So kam sie nach Frankreich zurück. Sie wurde PR-Managerin bei einem Theater. Sie fand es interessant, aber zu zeitraubend. Sie verlangte eine Halbtagsstelle und hoffte, dass man sie ihr verweigerte. Doch man erfüllte ihren Wunsch. Das fand sie nett, kündigte aber trotzdem. Sie findet alles irgendwann langweilig und ist deshalb ziemlich deprimiert. Dann kommt ihr eine neue Idee. Man kann das übertrieben finden und der Meinung sein, dass sie es sich ziemlich einfach macht. Aber nichts daran ist leicht. Es ist wie bei einem Auto, dem unentwegt der Motor abgewürgt wird. Was mir an ihr gefällt, ist ihre Ehrlichkeit. Wenn etwas nicht gut läuft, erkennt sie das und gibt auf. Natürlich wird nie etwas richtig laufen. Für sie gibt es nur ein ewiges Hin und Her. Was lernt man daraus?

# »Gleitet, ihr Sterblichen«

Jean-Paul Sartre zitiert in dem autobiografischen Buch *Die Wörter* eine Devise seiner Großmutter »Gleitet, ihr Sterblichen, lastet nicht!« (Ü. Hans Mayer, Jean-Paul Sartre, Die Wörter. Gesammelte Werke in Einzelausgaben, Rowohlt 1865, S. 9), Sie hatte es aus einem Gedicht des 18. Jahrhunderts, in dem es um Schlittschuhlaufen auf einer dünnen Eisdecke ging. Es ist also eine Frage von Leben und Tod. Gleitet, sonst fallt ihr ins eiskalte Wasser. Der Enkel folgte dem Rat nicht, obwohl er ungewöhnlich schwer war, und tatsächlich kommt man bis heute gut damit durch, fest und entschlossen aufzutreten. Jeder muss seinen Standpunkt anderen einhämmern, sein Territorium besetzen, seinen Motor laut brummen lassen. Achten Sie mal darauf, dann entdecken Sie überall das Gegenteil von Leichtigkeit. Vom Intimleben reden wir besser erst gar nicht, gewonnen hat der, der fest und länger zustößt als andere. Schade, denn wenn irgendwo die Eisdecke dünn und zerbrechlich ist, dann im Körper einer Frau. Man muss nur zu fest aufdrücken, und schon geht die Empfindung zu Bruch, in tausend kleine Stücke. Daher ist es wichtig, Zärtlichkeit zu entwickeln. Viel aufregender als Power ist Streicheln, vorsichtiges Reiben, bei dem man fröstelt. So leichte Berührungen, die die Haut anregen und starke Empfindungen auslösen. Aber wir sind vielleicht nicht auf gleiche Weise empfindsam, und wenn wir uns über ihre Brutalität beschweren, regen sie sich über unsere Geziertheit auf. Zum Beispiel Albert. Wenn man ihn bittet, einen ganz vorsichtig zu streicheln, dann massakriert er den Körper geradezu. Versucht man, ihn ein bisschen zu hätscheln und zu streicheln, ödet ihn das an, und er fragt sich, ob man noch da ist oder schon verschwunden. Bei einem anderen Mann kann Zärtlichkeit so große Lust hervorrufen, dass er fast explodiert. Versuche, Irrtümer und Glück. Niemals glauben, dass man das Geheimnis der Leichtigkeit erobert hat. Man muss gleiten, das ist schon richtig, aber so wie ein Segel, das sich nach dem Wind richtet und genau weiß, wie viel Widerstand es hat. Dazu braucht man Präsenz, Aufmerksamkeit, Initiative und Miteinander und nicht nur einfache und dumme Vorsicht. Man muss bei jeder Bewegung das Zittern der Zone, die man berührt, spüren, sich verschiedene Figuren zugestehen bis zum ersten Knacken des Eises, das einen ermahnt, den Fuß zu heben. Gleiten könnte das Zauberwort der Lebenskunst sein, und manche Philosophen (Jean-Paul nicht) sehen im Surfen ein Vorbild für gelebte Weisheit. Denn niemand surft zweimal auf derselben Welle.

# Scheuklappen

Ich traf auf einer Cocktailparty einen Freund, der weiß, dass ich mich für Naturwissenschaften interessiere, aber er sagte mir, dass er nicht sehr an die Kraft der Erkenntnis glaube. »Manche Dinge versteht man besser nicht, Unwissen hat seine Vorteile, ich finde sogar, man sollte es als Weltkulturerbe schützen.« Dieser Spruch klingt gut, doch teile ich seine Meinung nicht mal für einen Augenblick. Man könne Unmengen Beispiele finden, sagt er. Vom Mond habe man immer geträumt, aber seit der Mensch einen Fuß darauf gesetzt habe, sei er nichts mehr als ein Haufen Steine. Das Ungeheuer von Loch Ness würde durch die Beobachtungen der Taucher nur Schaden nehmen. Der Mann von der Straße kriegte Komplexe, wenn er Studien über die Länge mancher Penisse läse. Und im täglichen Leben müsse man manchmal das Unwissen seiner Mitmenschen wahren, um sie zu schonen. Er zitiert das Beispiel eines Schriftstellers, den seine Frau enorm bewundert, von dem mein Freund aber wusste, dass sein zuletzt erschienenes Buch eine Reportage voller Lügen sei. Er hat nichts gesagt. Es sei ein Liebesbeweis, anderen Enttäuschungen zu ersparen.

Ich reagiere sehr heftig. Einmal, weil man doch nicht anstelle anderer entscheiden kann, was für sie gut ist oder nicht. Was ist das für eine Bevormundung, ihm die Wirklichkeit vorzuenthalten, ohne zu wissen, wie er darüber denkt (eine meiner Freundinnen sah sich heimlich Liebesfilme an, weil ihr dieser Küchenmädchengeschmack peinlich war, aber als ihr Freund es erfuhr, bedauerte er, dass sie ihn nicht mitgenommen hatte). Zum anderen weil Enttäuschung gar nicht schlimm sein muss, man kann doch dafür sorgen, dass etwas anderes an die Stelle des Verlorenen tritt. Feststellen, dass die Welt einem missfällt, wozu ist das gut? Man kann doch seinen Geschmack ändern und die Augen aufmachen. Es gibt Interessanteres als das Ungeheuer von Loch Ness und Sirenen im Meer, und Besseres als eine Beleidigung durch eine unfreundliche Bemerkung. Vielleicht ist der Reportagenband viel besser, weil der Schriftsteller alles erfunden hat. Die Welt ist nicht enttäuschend, sie ist großartig, voller Überraschungen, komplex, irritierend. Was ist traurig daran, Neugier zu befriedigen, wenn die Antwort zu neuen Fragen führt, die noch genauer und tiefsinniger sind? Hätte man sich damit begnügt, den Mond mit bloßem Auge zu betrachten, gäbe es im Universum von heute Hunderte weniger Wunder. Wir interessieren uns für Planeten weit entfernter Sterne. Dinge zu kennen ist immer aufregender, als nichts über sie zu wissen, und es gibt uns mehr Spielraum.

Ich sage dies so einfach, doch seit ich einen Artikel über das Gleichgewicht zwischen Säuren und Basen in unserer Ernährung gelesen habe, fühle ich mich schuldig, wenn ich Sachen esse, die mir bisher sehr gesund erschienen, und ich verfluche die Wissenschaft, die uns niemals in Ruhe lässt …

# Kritik der reinen Logik

An einem schönen Sonntagnachmittag besuche ich einen Freund, doch er empfängt mich mit düsterer Miene. Seine Liebste hat ihn am Vorabend mit Vorwürfen überhäuft und hinausgeworfen. Da er sehr betroffen scheint, bleibe ich zwei Stunden bei ihm, um ihn auf andere Gedanken zu bringen. Drei Tage später lacht er wieder. Sie hatte gleich am nächsten Tag angerufen, sich entschuldigt, und alles ist wieder in Ordnung. Ich kann mich nicht so richtig freuen und runzele die Stirn. Wie kann man so mit einem anderen spielen? Entweder sie liebt ihn, dann brauchte sie ihn nicht sinnlos hinauszuwerfen, oder sie will ihn nicht mehr sehen, dann hätte sie ihn nicht mehr anrufen dürfen. Dummerweise hat es mir meinen Sonntag verdorben. Zwei Stunden lang habe ich ihn getröstet, was gar nicht notwendig war. Ich persönlich finde, dass die Leute nicht einfach drauflosreden sollten, denn am Ende weiß man nicht mehr, in welchem Stück man spielt; an seiner Stelle hätte ich der Dame den Laufpass gegeben.

Ich spreche am Abend mit einem anderen Freund darüber, der erstaunt ist, dass ich so streng urteile. Wenn man darauf warten würde, dass sich Leute immer folgerichtig verhalten, dann käme man ja nie vom Fleck. Man solle auch nicht wünschen, dass sie es lernen, denn dann würden sie ständig lügen. Wir hätten so viele Meinungen, wie wir Launen haben, und man wisse doch, dass unsere Stimmung von tausend Faktoren abhänge, zum Beispiel den Hormonen, dem Wetter und dem Preis für Lebensmittel. So sei es normal, seine Meinung zu ändern, und das sei keine Inkonsequenz. Nicht der Kreisel drehe sich, sondern der Wind. Deshalb sei es ganz richtig von dem Mädchen gewesen, so zu reden, wie sie sich gefühlt habe, nur wenige Leute hätten den Mut dazu und würden lieber alles in sich reinfressen und Magengeschwüre riskieren, als zuzugeben, dass sie nicht mehr dasselbe möchten wie am Abend zuvor. So gebe es Männer und Frauen, deren Beständigkeit nichts als Trübsinn erzeuge und von denen man sagen könnte: zu folgerichtig, um ehrlich zu sein.

Da hatte er mich erwischt. Es stimmt schon, dass man sich, wenn man sich nie widerspricht, selbst aus den Augen verliert und nichts anderes mehr macht, als an der eigenen Statue herumzufeilen. Die Wahrheit eines Augenblicks wird oft im Namen wichtiger Vorhaben mit Füßen getreten. Ich habe oft über Programme geschimpft, nach denen ich mich nicht länger richten wollte, weil ich nicht dazu in der Lage war: »Nein, jetzt ist Schluss!« Würde man aber immer auf den Wind hören, könnte man sich nichts aufbauen. Vielleicht muss man den Bauplan variabel gestalten und sich weniger darum kümmern, in welchem Zimmer man was tut, und sich mehr der Lust des Augenblicks hingeben. Ein bisschen mehr improvisieren. Das ist zwar ein bisschen waghalsig, aber Spaß macht es allemal.

# Eitelkeit

Meine Nachbarin ist die Betontreppe zu ihrem Garten hinuntergefallen und hat sich wehgetan. Es war nicht das erste Mal, dass sie fällt, und sie blutet heftig. Sie desinfiziert die Wunde und sagt, sie sei beunruhigt, weil sie vielleicht Gleichgewichtsstörungen habe. Vertraulich sagte sie mir, sie wisse genau, warum sie gestolpert sei. Wegen ihrer Pumphose. Dauernd bleibe sie mit den Füßen darin hängen.

»Normalerweise fange ich mich wieder, aber gerade hatte ich etwas in den Händen. Ich traue mich nicht, es Paul zu sagen. Ich kann doch nicht zugeben, dass ich so eitel bin, eine Hose zu tragen, von der ich weiß, wie gefährlich sie ist.«

Lieber würde sie ein MRT ihres Kopfes machen, als zuzugeben, dass sie übermütig ist und gegen bessere Einsicht handelt. Wer noch nie gestürzt ist, werfe den ersten Stein. Wir tragen ständig Schuhe, die uns beim Gehen stören, Hosen, so eng, dass wir kaum atmen können, Schmuck, der überall hängen bleibt, Lippenstift mit ungesunden

Inhaltsstoffen. Ich erinnere mich noch an den Gesangslehrer, der uns beim Chorsingen aufforderte, die Bauchmuskeln zu entspannen. »Lieber sterben«, habe ich da gemurmelt. Ich weiß, dass Baucheinziehen groß in Mode und schwer behandelbar ist, nichts zu machen, ich ziehe den Bauch ein.

Glauben Sie, dass es den Männern anders geht? Gestern erzählte mir ein Freund Folgendes: In der Grundschule schrieb ein Klassenkamerad in einem Diktat das Wort »mehr« richtig. Dann sah er in das Heft seines Nachbarn, sah darin »mer« und korrigierte es sofort. Als ihn die Lehrerin fragte, warum er ein richtiges Wort durch ein falsches ersetzt habe, konnte er nicht zugeben, dass er abgeschrieben hatte. (Lieber ein MRT des Kopfes über sich ergehen lassen …) An diesem Beispiel lässt sich zeigen, dass Eitelkeit keine Frage des Aussehens ist. Mir fällt auch der Junge ein, der sich nicht getraut hatte, mir zu sagen, sein Vater habe ihm bei seinem großartig bestandenen Examen geholfen. Es gibt heute auch Männer, die sich die Haare färben lassen und nie erzählen, dass sie zum Friseur gehen; Männer, die sagen, sie beträten nie ein Geschäft, und doch immer nach neuester Mode gekleidet sind. Auch hierbei werden Mann und Frau sich immer ähnlicher.

Man will immer vorteilhaft erscheinen, körperlich, moralisch, sich mit seinem Geist schmücken wie Pfauen, die ein Rad schlagen, um den Preis, sein Schienbein, seine Haut zu verletzen oder gar seiner Karriere zu schaden. Das ist von geradezu rührender Dummheit.

# Eine neue CD einlegen

Die Szene spielt sich auf der Insel Rodrigue im Indischen Ozean ab. Vor Gericht klagt ein Einwohner gegen einen Händler, der ihm ein kaputtes Radiogerät verkauft hat. Der Beklagte protestiert heftig. »Das Radio funktioniert prima.« Der Kunde protestiert. »Nein, überhaupt nicht! Als ich es im Laden gehört habe, spielte es so schöne Musik. Aber zu Hause redeten darin nur Leute. Der Händler hat mich betrogen.«

Eine Geschichte, über die man eigentlich nur lachen kann. Wie naiv muss man sein, zu glauben, dass ein Radio unentwegt dasselbe Programm spielt. Doch halt, reagieren wir nicht manchmal gegenüber einem Menschen, mit dem wir zusammenleben, ganz ähnlich? Als wir ihn uns aussuchten, mochten wir, was er spielte, doch heute beschweren wir uns, weil er nicht mehr dasselbe Lied singt. Wir verlangen nach den Eigenschaften, die uns an ihm gefallen haben und laufen Gefahr, zu übersehen, wie spannend es sein könnte, mal eine andere CD einzulegen. Das schönste

Stück kann zur Plage werden, und es kommt nicht auf das an, was uns gefällt, sondern auf die Bewegung. Es ist ganz schön naiv, zu glauben, dass ein Mensch immer bleibt, was er ist, und sich nicht weiterentwickelt. Und ist es nicht schade, wenn man nicht ein bisschen angestupst werden will?

Der Physiker Étienne Klein erzählt, wie enttäuscht er war, als er per Telefon das Ergebnis eines wichtigen Experiments erfuhr, das seine Theorie bestätigen oder widerlegen sollte. Das Urteil war positiv. Er hätte sich darüber freuen müssen. Aber, ganz im Gegenteil, er fand es öde, dass er nun nur bestätigen musste, was er schon gedacht hatte. Da war nichts Neues zu erfahren. Man hatte keine Fehler entdeckt. Er hatte keine Gelegenheit, wieder bei null anzufangen, mit dem Gefühl, dass das Rätsel noch undurchdringlicher war als vorher.

Nichts ist schlimmer als stabiles Gleichgewicht und Sicherheit. Das muss zur Erstarrung führen. Beobachten Sie Stubenkatzen, die stundenlang vor der Heizung liegen. Vergleichen Sie sie mit Tieren in der Natur, die immer auf der Lauer sind. Der Radiohörer der Insel Rodrigue hätte, anstatt seiner Lieblingsmusik nachzuweinen, darüber staunen können, dass aus dem kleinen Gerät so viel mehr herauskam: viele Stücke, die er noch nicht kannte, Interviews mit Leuten, die ihm die Augen zur Welt öffnen konnten. Unser Partner oder unser Nachbar oder unser Cousin, egal wer, kennt tausend verschiedene Programme, aber wir sind nicht immer bereit, sie uns anzuhören.

Unsere Sinne erweitern, das ist das Prinzip der Naturwissenschaften, der Kunst, der Philosophie, um zu erkennen, was die Welt sonst noch zu sagen hat, außer den bekannten Melodien.

# Das fröhliche Protein

Lange Zeit hat man geglaubt, Moleküle hätten keine Identität. Heute ist man der Meinung, sie könnten doch eine haben. Zwei Proteine beispielsweise, die die gleiche Zusammensetzung haben, unterscheiden sich durch ihre räumliche Struktur und diese Struktur beruht nicht auf Zufall, sondern scheint einer bestimmten Funktion zu entsprechen, einem mit ihrer Geschichte zusammenhängenden »Charakter«. Wie bei den sieben Zwergen von Schneewittchen gibt es untätige, ängstliche und fröhliche Proteine ...

Die Elementarteilchen hingegen gelten als völlig identisch und deshalb austauschbar. Hat man ein Proton gesehen, kennt man alle Protonen des Universums. Ist das nicht seltsam? Dass es Einheiten gibt, auf die die Geschichte keinerlei Einfluss nimmt? Ein Proton, das sechs Milliarden Jahre in einem Stern hauste und bei dessen Explosion herausgeschleudert worden ist, soll genau so beschaffen sein wie ein Proton, dass seit seiner Entstehung ganz am Anfang des Universums sanft in der interstellaren Leere schwebte? Seltsame Durchlässigkeit der Teilchen, geradezu buddhistische Unerschrockenheit. Identität bei Tieren ist erwiesen. Jeder weiß, dass eine Katze ihre Jungen erkennt (sonst entsteht unausweichlich großes Chaos). Blaumeisen erkennen ihre Partner an Unterschieden im Federkleid, die im ultravioletten Licht zu sehen sind. Wie aber ist es bei den Ameisen? (Sie erkennen jedes Mitglied ihrer Kolonie, aber können sie Individuen unterscheiden?) Und wie steht es um die Amöben? Hat Identität etwas mit Komplexität zu tun und entwickelt sie sich entsprechend?

Auch Produkte von Menschen haben eine Art Identität. Niemand glaubt, dass sein Auto gegen das seines Nachbarn austauschbar ist, selbst wenn es dieselbe Marke und Farbe hat. Es trägt ja auch eine eigene Herstellungsnummer. Mit PCs ist es genauso, sie tragen eine Seriennummer, und manche Nutzer – eher Informatiker als andere – scheinen zu glauben, dass ihr Gerät eine Art Persönlichkeit habe und man sich ihm zwecks bester Kooperation »mit der richtigen Psychologie« nähern müsse. Ich kenne Leute, die ihren PC streicheln wie ein Pferd, andere, die mit ihm reden, ihm drohen, ihn hegen und pflegen und mit ihm denselben Aufwand treiben wie mit ihrem Auto. Plastikbecher aber und U-Bahn-Tickets scheinen ebenso wenig Identität zu haben wie Protonen.

Wo also beginnt die Persönlichkeit?

# Die Straße gehört allen

Ich muss gestehen, dass ich gern Tango mag, eine der machohaftesten Betätigungen auf Erden. Der Mann führt, die Frau folgt ihm. Dazu gehört noch mehr: Es werden völlig verschiedene Haltungen verlangt und entwickelt, man könnte fast sagen, zwei einander völlig entgegengesetzte Gehirne. Das eine handelt, entscheidet, sieht voraus, bewusst Zeit und Raum nutzend, das andere fährt alle Antennen aus, um die richtigen Informationen zu erfassen und sich der Freude der Empathie hinzugeben, zu spüren, zu begleiten, mit allem einverstanden zu sein, was das andere in die Tat umsetzt. Da sieht man Tänzerinnen, die die Augen schließen, den Kopf an der Schulter ihres Kavaliers, ganz damit beschäftigt, die kleinsten körperlichen Signale zu entziffern, während er mit dem Blick umherschweift und mögliche Choreografien auf dem zur Verfügung stehenden freien Raum plant. Es gibt kaum ein Szenario mit einer solchen Abgrenzung zwischen den Geschlechtern, und alle Frauen sind wohl der Meinung, dass diese Art von Beziehungen auf eine besondere Tätigkeit eingegrenzt werden sollte: Tango, Rock'n'Roll oder kubanische Salsa.

Ist das tatsächlich so? Ganz ohne Zweifel ist aktives Handeln keine reine Männerdomäne mehr, und doch sind erstaunlich wenige Frauen bereit, sich auf eigene Initiativen einzulassen. Vor allem im Bett. Wer hat bloß festgelegt, dass wir nichts sind als ein Aufnahmeland, weil der Mann mit dem Penetrationsinstrument ausgestattet ist und wir die ihn empfangende Öffnung haben? In Frankreich bezeichnet man schließlich auch jene Stecker als »männlich«, die in die in der Wand eingelassenen »weiblichen« Steckdosen gesteckt werden. Man könnte diese gewohnte Bezeichnung auch umkehren: die Wände sind mit männlichen Steckdosen ausgestattet, die von den Frauen nach deren Belieben besucht werden. Bevor es Hände und Gabeln gab, bewegte sich die Schnauze zum Rasen und nicht umgekehrt. Sich etwas einverleiben, es absorbieren, sich aneignen, es verschlingen, all das sind Handlungen, die nicht weniger initiativ sind als irgendwo einzudringen. Verfechter des Oralsex mögen diese Art der Begegnung, und man muss sich dessen bewusst sein, dass auch eine aktive Vagina ein lustvolles Instrument ist.

In der Tradition haben Jungen gelernt, aktiv zu werden, im Bett und anderswo: Los, nun nimm sie schon, entwickle eine Strategie, sei ein Mann. Die Frauen haben gelernt, zu misstrauen, sich zu schützen, zu warten und sich am Ende »hinzugeben«. Ganz als gäbe es bei dieser wunderbaren

Betätigung nichts, was sie sich nehmen können. Wartet nur ab, sie wachen schon auf! Sie haben gelernt, Auto zu fahren. Alles andere kommt noch …

# Fang die Troddel!

Als Mädchen bin ich manchmal auf dem Jahrmarkt in unserem Viertel auf Holzpferden geritten. Meine Mutter bezahlte das Billett und ich stieg auf das Pferd meiner Wahl. Wir Kinder waren immer ganz verrückt nach der Troddel, die ab und zu während der Fahrt von der Decke des Karussells heruntergelassen wurde und die einem, wenn man sie mit der Hand einfing, eine zweite Runde umsonst bescherte. Wenn diese zweite Runde begann, war alles anders. Dasselbe Karussell, dieselben Pferde, dieselbe Straße, doch es war ein Leuchten in der Luft. Ich war nicht hier, weil meine Mutter mir ein Billett gekauft hatte. Es war nicht geplant und vorausberechnet, nein, es war ein Himmelsgeschenk, ein unvorhersehbares, starkes Wunder, und ich war wie berauscht. Manchmal spürte ich nicht mehr, wie die Zeit verging, Alle anderen Runden waren genau geregelt, diese hier war nicht vorhersehbar.

Manchmal wirkt das Leben auf mich genauso. Wenn ich auf der Straße zufällig einem Freund begegne, wenn mir ein Unbekannter ein Kompliment macht, wenn mich ein Schauspiel begeistert, wenn die Sonne zwischen den Wolken auftaucht. Oft sind es Streifzüge des Zufalls, ganz unerwartet. Dinge, die sich unangekündigt ereignen. Das ist so wie eine Runde auf dem Karussell, die mir geschenkt worden ist.

Manchmal ist es schwer, sich diese Art Schwerelosigkeit zu bewahren. Bevor man begreift warum, ist man von Pflichten eingedeckt, von Zeitplänen eingeengt, mit Karriereplänen beschäftigt und von Ratenzahlungen belastet. Der Horizont wird enger, Zeit wird knapper, wenn man ein bezahltes Billett hat. Alles ist vorprogrammiert. Was man voraussehen kann, wird schon im Voraus erlebt, und wenn es so weit ist, ist es nicht mehr da – man ist ja schon wieder anderswo.

Wenn man zu viel im Voraus entscheiden muss, wird das Leben oft seiner Substanz beraubt. Man beschließt nicht nur, auf den Jahrmarkt zu gehen, sondern weiß auch noch genau, an welchem Tag und um wie viel Uhr. Ich mag Entscheidungen, weil sie unser Machtgefühl stärken. Mir ist es aber lieber, wenn diese nicht für weite Zeiträume gelten, sondern für einen Tag, eine Woche, höchstens einen Monat. Um das Machtgefühl und den angenehmen Rausch der Überraschung miteinander zu vereinbaren, ist es ideal, bei jeder Entscheidung zu verfahren wie beim Erhaschen des Wedels. Dann kann man sich sagen: Damit habe ich aber wirklich nicht gerechnet! Noch am selben Tag das Wohnzimmer neu streichen. Mir einen Blumenstrauß kaufen. Jemanden anrufen, den ich verehre. Ausgehen, obwohl ich eigentlich arbeiten wollte. Alles einfach spontan liegen lassen und stattdessen im Schneidersitz meditieren.

Ich habe einen neuen Kult erfunden: den der plötzlichen Entscheidungen. So wird die Zukunft richtig aufregend. Und bereits heute ...

# Der kleine Dreh




Ich habe gehört, dass in Saragossa in Spanien jedes Jahr ein Festival ohne bestimmtes Thema stattfindet. Man nimmt daran teil, um Blödsinn zu machen. Alles ist erlaubt. Fünf Tage lang herrschen Absurdität und Nonsens. Es gibt dort Kreationen aller Art, improvisierte Happenings, kostenlose Raserei, alle machen mit, ein Programm gibt es nicht. Auch kein Publikum, kein Geld, man versteht überhaupt nicht, worum es geht, und genau das ist der Sinn der Sache.

Zuerst hatte ich große Lust, hinzufahren. Mit irgendwelchen Leuten etwas Beliebiges tun, was für ein Spaß! Die als Giraffe oder Aliens verkleideten Nachtschwärmer faszinierten mich, sie badeten um Mitternacht im Schlamm, begleitet von tibetischen Klangschalen. Dann fragte ich mich: Was mache ich hier? Und plötzlich hatte ich das Gefühl, dass der große Taumel dadurch gebremst wurde, dass er überall stattfand. Wie kann man exzentrisch sein, wenn es keine normalen Leute mehr gibt? Wie soll man sich als Außenseiter fühlen, wenn bei jedermann die Sicherungen durchbrennen? Ich spürte, dass ich keine Lust mehr hätte, wie eine Kuh zu muhen, wenn dies alle täten. Da müsste man schon ein elegantes Kostüm anziehen und Kreuzworträtsel lösen, um sich von den anderen zu unterscheiden.

Dann dachte ich an den Obdachlosen, den ich ein paar Wochen zuvor auf der Straße gesehen hatte. Er tanzte. Nicht wie ein Betrunkener, der die Beherrschung über seinen Körper verloren hat, sondern wie ein Tänzer, der sich ganz dem Tanz hingibt und nicht auf die Umgebung achtet. Es war mehr als schön. Denn es war wahr. Es war einer jener Momente, in denen man dasteht wie elektrisiert und eine Erscheinung sieht. Er hat recht. Mitten im dichten Verkehr auf der Straße zu tanzen ist stärker als Saragossa und alle Karnevals der Welt. Bedenken Sie, wie sehr unser Körper von früh bis spät unter Kontrolle ist, durch die Geschichte, die Erziehung, die Gesellschaft und den Polizeiinspektor, der in unserem Kopf haust. Sitzen, Stehen, Liegen. Niemand ist da, um uns zu bestimmten Bewegungen zu veranlassen, und doch bewegen wir uns so, als müsste alles einer vorgegebenen Form entsprechen. Wir verlassen das Haus nie durchs Fenster, nie geben wir einer Platzanweiserin die Hand. Immer schlafen wir im selben Zimmer des Hauses.

Ich habe keine Lust, fünf Tage mit ein paar Ortskundigen in der Wüste zu verbringen, um ausgetretene Pfade zu verlassen. Das ist viel zu einfach. Die Erholung, die das

System uns gewährt, ist selbst Teil des Systems. Ein kleiner Dreh kann uns von allem Druck befreien, zurück bleibt ein leichtes Schwindelgefühl am Rand des Abgrunds. Dann kann man ohne Bedauern auf den Bürgersteig zurückkehren, auf dem man sich sicher fühlt.

Die Bürgersteige zum Tanzen bringen, darin liegt die wahre Größe.

# Sprechende Körper

Auf einem Tanzkurs überkommt mich plötzlich Müdigkeit, und ich verlasse den Saal, um mich in der Garderobe auszuruhen. Ich lege mich auf eine Bank und schließe die Augen. Jemand kommt aus dem Saal und geht zu den Toiletten, die am selben Flur liegen. Bald höre ich ein Seufzen. Hat jemand Verstopfung? Nein, dafür klingt es zu lustvoll. Es ist eine Frau, und sie ist allein. Das Stöhnen wird zum Schnaufen, es wird immer schneller und alles gipfelt in zwei kaum gedämpften Schreien. Dann zieht sie an der Strippe und geht wieder tanzen. Diese Geschichte, deren unfreiwillige Zeugin ich wurde, bestätigt etwas, worüber man sich freuen muss. Es gibt eine weibliche Libido, unabhängig von jeglicher Liebesbeziehung.

In den 1970er-Jahren führten amerikanische Psychologen ein paar bemerkenswerte Experimente durch. Zum Beispiel dieses:

Zehn Freiwillige, fünf Männer und fünf Frauen, werden nacheinander in einen Raum geführt. Vorher haben sie sich nicht gesehen und auch nicht miteinander gesprochen, und ihnen ist gesagt worden, eine Stunde lang könnten sie das tun, was ihnen in den Sinn komme. Ein kleines, aber bedeutendes Detail: In dem Raum ist es stockdunkel. Danach werden sie wieder nacheinander hinausgebeten, ohne sich hinterher zu sehen oder miteinander zu sprechen. Es funktioniert jedes Mal: Nach zehn bis dreißig Minuten betatschen die Leute sich nach allen Regeln der Kunst. So ist der Körper nun mal beschaffen. Er reibt sich gern an anderen Körpern. Vor allem, wenn man hinterher nicht dazu stehen muss, denn der Kopf erzählt eine ganz andere Geschichte.

Gut, zu wissen, dass der Körper sein Eigenleben hat, und man sollte ihm so viel Raum wie möglich lassen, sich auszuleben. Vielleicht nicht, indem man sich im Kino über seine Nachbarn hermacht, aber ihm in einer Tanzpause einen Orgasmus zu gönnen, warum eigentlich nicht? Mir hat die Offenheit der Frau, die ich nicht gesehen habe, deren Lust und Wohlergehen ich aber mitbekam, sehr gefallen.

Man sollte auch auf seinen Körper hören, wenn er Nein sagt. Nach der allgemeinen Ansicht von Sexualforschern neigen Frauen dazu, sich den Wünschen ihres Mannes anzupassen, ohne sich zu fragen, ob sie dabei selbst Lust empfinden. Fellatio und Analverkehr lassen sie über sich ergehen, auch wenn es unangenehm für sie ist. »Macht es doch ruhig, wenn ihr große Lust darauf habt«, sagte eine Frau zu mir, die viel Erfahrung hat, »es kann sein, dass es sich im richtigen Augenblick mit dem richtigen Partner ganz von selbst ergibt. Hört auf euren Körper!«

Was ist schon logisch beim Sex? Zumindest dann, wenn man sich als Körper betrachtet, der ein Bewusstsein hat, und nicht als edlen Geist, der einen unanständigen Körper besitzt.

# Leben als Katze

Im Kampf gegen Kummer im Leben ist Meditation gerade groß in Mode. Sich hinsetzen und nichts tun, sich ganz zurückziehen kann Beruhigung bringen. Aber manchmal habe ich den Eindruck, dass die Meditation genau das Gegenteil bewirkt und man ihr eine Bedeutung zumisst, die Neurosen fördert. Wenn man sich auf ein kleines Kissen setzt, schafft man Leere, aber diese Leere behält immer die Form des eigenen Ich, und dann bleibt das Ich allein übrig und beherrscht alles. Wenn wir uns nicht in einen Trancezustand versetzen, entledigen wir uns nicht so leicht unseres fest verankerten Ichs.

Ich finde es sehr angenehm, mir selbst nicht zu sehr im Weg zu sein. Dies gelingt mir eher mit Musik, Tanz, dem Anblick des Meeres als mit bemühter Isolation. Jeder hat seine Art, zu meditieren, heißt es dann. Ja, das mag sein, doch es herrscht eine gewisse Orthodoxie, die etwas Bedrohliches hat, und dafür sorgen auch Meister und Gurus, wenn sie Druck ausüben. Haben wir so lange gegen kirchliche Macht gekämpft, um uns heute vor Altären zu verneigen, auf denen andere Blumen stehen? Rituale und festgelegte Systeme scheinen für Menschen, die sich orientierungslos fühlen, immer das Beste zu sein. Als ob es im Universum eine Orientierung gäbe! Der Kosmos ist in allen Richtungen homogen, ohne Zentrum und Orientierung. Es gibt keine Richtung, keinen Weg, keinen Herrn der Welt. Können wir uns nicht glücklich schätzen, dass wir frei sind und unseren Weg selbst finden können, ohne uns an illusorischen Bezugspunkten festzuhalten?

Alle Revolutionen haben damit begonnen, reinen Tisch zu machen und Freiräume zu schaffen, nur um sich hinterher auf neue einengende und doktrinäre Regeln festzulegen. Hütet euch vor allen, die behaupten, sie brächten euch die Freiheit und euch dann dominieren wollen. Dabei müssen sie sich nicht einmal anstrengen. Es reicht schon, dass sie Leerformeln sprechen, schon werden sie von den Leuten geliebt, die sich nur zu gern freiwillig in Knechtschaft begeben. Ich traf neulich einen geistlichen Führer aus Kaschmir, einen Vertreter des Shivaismus. Er ist so schlau, dass er fast gar nichts lehrt, er ist einfach nur präsent und lebt sein Leben selbstbestimmt und nicht wie mit dem Autopiloten. Allein dadurch findet er Schüler, die bereit sind, sich einer langwierigen Ausbildung zu unterziehen, und man fragt sich, wie das möglich ist. Ihm selbst ist es eher peinlich. Schüler sein, so sagt er, heiße einfach, eine Beziehung zu jemandem zu haben und dann selbst kreativ zu sein. Dies kann man mit einem Meister machen, wenn man ihn wirklich braucht, aber am besten wäre, man täte es einfach im normalen Leben, mit seinem Partner, einem guten Freund oder sogar mit seiner Katze. Wer versteht es besser zu leben als Katzen? Dieser Mann ist ein wahrer Meister, denn er hat bei mir nicht den Wunsch geweckt, ihn wiederzusehen, sondern mich selbst neu zu betrachten, im Licht dieses großen Freiraums.

# Kunst, Zufall und was nichts kostet

»Kunst kann ja wirklich alles sein«, sagte ein Freund zu mir. Er ist Universitätsprofessor, und ich hatte ihm eine Sendung empfohlen, in der es um die Bedeutung der Lyrik ging. Er wollte damit sagen, dabei gehe es nur um Hirngespinste, eigentlich gebe es doch so viele konkrete Probleme zu lösen. Sicher sind der Zusammenbruch der Wirtschaft, der Treibhauseffekt und die Arbeitslosigkeit Probleme, die einer Lösung bedürfen. Man würde gern besser leben, Energie sparen, den Reichtum gerechter verteilen … Klar, solche Fragen sind von existenzieller Bedeutung, aber dennoch wollte ich ihm ein Gespür auch für das vermitteln, wo es um mehr als das bloße Sein geht.

Was bedeutet es, am Leben zu sein, ein Bewusstsein zu haben? Was gehört alles dazu, was fordert es von uns, was erlaubt es uns? Die Philosophen nähern sich solchen Fragen mit dem Verstand, gründen immer neue Denkschulen, die zunehmend feinsinniger werden und sich dabei oft in Nonsens und Selbstreferenzialität verheddern – Guillotinen des Denkens.

Die Künstler hingegen stellen sich diesen Fragen durch ihre Werke, indem sie etwas tun, und finden dabei einen rettenden Anker. Es geht ja nicht darum, Wände zu dekorieren – in diesem Fall würde die Kunst in die Modalitäten der Existenz abrutschen, und zwar die unwichtigsten –, sondern darum, dem harten Kern unseres Geistes näher zu kommen: dem Staunen darüber, am Leben zu sein. Wer das Leben als ganz normale Sache ansieht, beweist, wie wirkungsvoll die soziale Vereinnahmung ist. Wir werden von der Wirklichkeit abgelenkt, damit wir Bolzen in eine Maschine treiben, die sich im Kreis dreht – wie ein Hamster in seinem Rad.

Genau das ist Kunst, Hirngespinste im leeren Raum, denn außerhalb des Rades ist Leere die letzte Wirklichkeit (fragen Sie einmal einen Physiker) und die wahre Domäne der Freiheit. Das Ziel der Kunst ist nicht das Kunstwerk, es ist der Mensch am Werk, der Mensch, der von seiner eigenen Idee beflügelt wird. Alle anderen Betätigungsfelder werden durch Festlegungen von außen bestimmt oder missbraucht. Nur die Kunst kann sich in der Leere ausleben und ist deshalb die hintergründigste existenzielle Aufgabe, der man sich widmen kann. Bei manchen ist kreative Arbeit so drängend, so lebenswichtig, dass für praktische Lebensfragen keinerlei Spielraum bleibt. Die Kunst ist auch der Ort, an dem man sich auf die Begegnung mit dem

Zufall einlässt, dem einzigen Herrn, den es gibt. Es ist unsere Aufgabe, mit ihm zu spielen, ihn zu reizen, Überraschungen zu erleben. Künstler sein, das haben Sie sicher begriffen, bedeutet, Gott zu werden, denn dieser Platz ist leer, und es wäre falsch, ihn nicht einzunehmen.

# Zur richtigen Zeit

Künftig werden in Belgien die Bahnhofsuhren nicht mehr gewartet, schon bald gehen sie nach, und irgendwann bleiben sie ganz stehen, Scheinbar sind sie nutzlos, weil jeder inzwischen ein Mobiltelefon besitzt. Wenn man schon auf die großen Uhren verzichten will, dann hätte man sie gleich abnehmen können, aber das wäre zu teuer, und so muss man sich wohl daran gewöhnen, dass mitten in der Landschaft Uhren stehen, Spuren einer anderen Zeit, in der die Zeiger noch ihre Bahn zogen.

Mit den Frauen ist es ganz ähnlich, sagte mir der Freund, der meine Untersuchungen zur weiblichen Sexualität mitverfolgt hat. Eine Zeit lang leben sie nach der Uhr ihres Körpers, folgen seinen Neigungen und haben Lust, zu tanzen, dann nehmen die Sorgen des Alltagslebens überhand, die Begegnungen mit Männern werden seltener, und der Wunsch, im Heute zu leben, wird auf morgen verschoben. Dadurch werden die Uhrwerke rostig.

Vielleicht sagen Sie jetzt, so ist es von der Biologie vorgesehen. Ich glaube das nicht. Es ist vor allem Bequemlichkeit und Nachlässigkeit. Der Körper verlangt nicht nach Streiks, was hätte er davon? Was uns so schwerfällig macht, ist zumeist unser Denken, das uns in die Zange nimmt und uns zeigen will, dass Körper und Geist nicht so sind, wie wir glauben. Unser Kopf ist unbeweglich und zäh. Geben Sie Ihrem Körper Freiheit, dann fängt er an, zu tanzen, sich zu vergnügen, er ist in der Lage, Ekstase zu erleben, jene Lust, die stärker ist als alles andere. Warum soll man sich die körperlichen Genüsse verbieten? So viele Dinge hindern uns daran, Höhenflüge zu machen, werden Sie sagen. Wenn der nächste Tag uns erscheint wie ein Felsbrocken kurz vor dem Absturz, müssen wir die Hände schützend über den Kopf legen. Manche Felsen erschlagen uns, das trifft gewiss zu. Aber andere sind nur aus Pappmaschee. Das merkt man oft erst hinterher. Wir haben uns etwas aufgebaut, und alles läuft gut. Es liefe noch viel besser, wenn man sich bei allem mehr Bewegungsfreiheit ließe. Verkrampfung erstickt uns und lässt unsere Körper verkümmern. Ich kann das deshalb sagen, weil ich Leute kenne, die sich nicht einfangen lassen. Sie haben nicht weniger Schwierigkeiten im Leben als andere, aber diese zeichnen sich nicht als Sorgenfalten auf ihrer Stirn ab. Worauf es ankommt, sagt mir derselbe Freund, ist nicht, was man erlebt, sondern, wie man es aufnimmt: als kleine Herausforderung, als Misserfolg, als Katastrophe … Dasselbe Ereignis kann bei dem einen ein Drama auslösen, während sein Nachbarn nicht mal die Stirn runzelt. Ich mag das Phlegma der Engländer. Ich finde es gut, wenn es gelingt, uns nicht nach der Krise, nicht nach der Zeit der anderen zu richten und nicht immer zu bedauern, was man verpasst hat. Am besten leben wir nach unserem eigenen Rhythmus und sehen zu, dass unsere Mechanik gepflegt wird.

# Ein Automatenbild
# von Platon

Neulich wollte ich einem Freund das Gesicht eines Mannes zeigen, den ich bewundere. Ich rede mit ihm oft über diesen Mann und wollte, dass er sich ein genaueres Bild von ihm machen kann. So zeigte ich ihm ein Foto und sagte mit triumphierender Stimme: »Das ist er.« Da hat er höflich gelächelt: »Ach ja, sieht nett aus.« Du lieber Schreck! Nett ist das Unpassendste, was man über diesen Mann sagen kann, der unserer bescheidenen Gefühlswelt haushoch überlegen ist. Er ist alles andere als nett. Er ist großartig, umwerfend, atemberaubend, lässt uns staunen. Auf dem Foto konnte man es aber nicht erkennen. Ich habe einen großen Fehler gemacht, als ich dem Freund sein Gesicht zeigte, und damit seinen Geist verraten. Ich sollte mich schämen. Ein unpassenderes Bild von ihm hätte ich gar nicht zeichnen können. Das Foto gibt nur eine schwache Spur des Gesichtes wieder, das selbst nur ein winziger

Hinweis auf die wirkliche Person ist. Da ich den Mann kenne, rührt mich der Anblick seines Gesichts. Aber ein Foto auf Papier vermittelt nichts als ein wenig Sympathie, wie sie jeder ausstrahlt, der einigermaßen menschenfreundlich ist.

Mir geht es oft ähnlich, wenn ich schreibe. Ich versuche, mit Worten Gedanken festzuhalten, die alles andere als sympathisch sind. Sie sind wild, wirr, anrührend und beunruhigend, sie sind die Fauna, die sich unter der Oberfläche unserer klischeehaften Rollenspiele tummelt. Aber ich kann mich noch so sehr anstrengen, der Text, der dabei herauskommt, ist immer kümmerlich, dümmlich, begrenzt und einfach ganz falsch. Bei jedem formulierten Satz fällt mir nur ein Kommentar ein: Genau das meine ich nicht. Da müssten mehr Zorn sein, mehr Nuancen, mehr Raum, mehr geschliffene Kiesel. Die Welle, die mich mitgerissen hatte, fließt ab und nichts bleibt übrig als harmloses zerknülltes Papier.

Jedes festgehaltene Bild geht an der Wirklichkeit vorbei, denn diese ist ein Fisch, den man unmöglich fangen kann, auch wenn er groß ist und sich wild bewegt. Ein begeisterter, unsichtbarer Walfisch, den keine Harpune treffen kann. Und der im Übrigen gar kein Fisch ist. So werden unsere Gedanken, Empfindungen und Gefühle oft ruiniert, werden zu Karikaturen durch den Ausdruck, den wir ihnen geben wollten, wie ein Bildautomat, der die Weisheit Platons oder den Wahnsinn Napoleons festhalten soll. Doch ist dies die einzige Möglichkeit, mit unseren

Freunden in Verbindung zu stehen, sonst würden wir unseren inneren Reichtum allein genießen/erleiden müssen. Es ist noch nicht möglich, zwei Hirne miteinander zu verknüpfen, und bis es so weit ist, müssen wir uns damit zufrieden geben, unsere Ideen per Passfotoautomat weiterzugeben. Mal sehen, was diese Maschine alles kann und wie weit unsere Grimassen wirken.

# Tausend Milliarden Schafe

Es gibt Unmengen Analysen über den Zustand der Welt und alle scheinen von einem anderen Gegenstand zu handeln. Manchmal ist von Niedergang die Rede, dann wieder von Fortschritt, partiell oder weltweit, anspruchsvoll oder barbarisch, enorm oder mittelmäßig. Wie sieht die Wirklichkeit aus? Können wir dies erfahren? Ein Philosoph würde an dieser Stelle freundlich darauf hinweisen, dass dies der ganze Unterschied zwischen der puren Wirklichkeit und der Welt ist, wie wir sie wahrnehmen. Was existiert, das existiert, aber wir können es nur über unsere Wahrnehmung, unsere Darstellung und unsere Gedanken erkennen, und diese bilden eine Welt, das heißt, sie geben eine Deutung auf der Grundlage der formlosen Menge von Ereignissen. Kosmos versus Chaos (wie es im antiken Griechisch heißt). Unsere kleinen denkenden Köpfe stülpen der Wirklichkeit unsere mentale Architektur über und nennen es Welt. Wenn ich sage: »Der Himmel ist blau«, bestimmt dies der Filter meiner Netzhaut, die die Wellenlänge des

Lichts in Kategorien einteilt. Das Blau ist nicht am Himmel, sondern in meinem Hirn. Wenn ich sage: »Der Himmel fällt uns gleich auf den Kopf«, folge ich dem Deutungssystem der Gallier, die manchen Göttern cholerische Eigenschaften zuschrieben. Es gibt so viele Welten, wie es denkende Köpfe und Gegenstände gibt, über die man nachdenken kann. Saint-Exupéry veranschaulicht dies, indem er sagt. »Zeichne mir ein Schaf.« Fordern Sie tausend Leute dazu auf und es werden tausend verschiedene Zeichnungen entstehen. Tausend verschiedene Schafe, tausend Welten. Aber wo ist das Schaf? Unfassbar. Die Deutungen nehmen zu, so wie die menschlichen Gehirne mehr werden. Jedes Kind, das auf die Welt kommt, bringt sein Schaf mit, seine Musik, seine Liebe, seinen Schmerz. Und wo ist die Wirklichkeit? Unfassbar.

Manche sind allergisch gegen die Vielzahl der Welten und wollen ihre Sicht als Modell darstellen. Mein Schaf ist das echte. Sie besetzen die Tribünen mit ihrer festen Überzeugung. Sie reden von einer Welt, die zum Wohl aller errichtet werden muss ... Hier muss man sich entscheiden. Wollen wir alle an einem einzigen Bild arbeiten? Ich zeichne dieses Haar dahin und du deines dort, und dann werden wir austauschbar? Oder sind wir bereit, auf tausend verschiedenen Planeten zu leben, von verschiedenen Arten bevölkert, von denen jede für die andere zur Quelle des Staunens werden kann? Rosafarbene Ohren, na so was!

Meiner Meinung nach gibt es nur eine Sache, die alle auf die gleiche Weise zeichnen, das Geld. Eben weil es nicht real ist. Wer sich ihm widmet, lebt im selben Monopoly wie die anderen, und sie führen dort das gleiche Leben. Die anderen hingegen sind in der Wirklichkeit, die wir nicht erfassen können, die man aber auf tausend Milliarden Arten formen kann.

# Wie erträgt man einander?

Ein kleines Mädchen am Nachbartisch eines Cafés wirft ihren Milchbecher um, und meine Füße werden bespritzt. Einen Augenblick lang bin ich unentschieden. Soll ich mich ärgern? Wird die Mutter mit ihr schimpfen? Wird sie weinen? Was für Dimensionen wird das Ereignis annehmen? Die Antwort erfolgt schnell. Ich ärgere mich kein bisschen. Sie wird auch nicht ausgeschimpft. Doch sie heult herzzerreißend.

Jetzt beginnt mich die Szene zu interessieren. Ich dachte immer, Kinder weinen, wenn man sie ausschimpft. Hätte meine Mutter so nett reagiert wie diese Mama, die sagt: »Das ist nicht schlimm, so was kann passieren«, und nicht verlangt, dass sie es sauber macht, dann hätte ich eine geradezu himmlische Kindheit gehabt. Aber das Mädchen hier ist, obwohl sich keiner der Erwachsenen aufregt, sichtlich traumatisiert. Sie zittert und rutscht auf der Bank hin und her, während ihre Mutter den Boden säubert und ich meine Schuhe abtupfe. Stört es sie, dass ihre ungeschickte Bewegung Aufsehen erregt? Oder ist es die Bewegung selbst? Zweifellos wird unsere Lebensfreude dadurch eingeschränkt, dass wir uns immer wieder ungeschickt verhalten. Manche Dummheiten, die ich ganz für mich selbst mache, ohne dass sie jemand sieht, machen mir mehr zu schaffen als alle anderen Fehler, weil ich dann nur auf mich selbst böse sein kann, das heißt auf meine pure Existenz. Wenn die besten Absichten aus Versehen misslingen, wozu sind dann all die Jahre kosmischer Entwicklung gut? Es ist mir schon passiert, dass ich vor Wut eine Arbeit vernichtet habe, die ich durch eine falsche Bewegung beschädigt hatte. Mir war der Spaß vergangen. Das kleine Mädchen will nicht mehr sehen, was es angerichtet hat, und seufzt. »Ich will nicht hierbleiben, ich will raus.« Die Mutter weigert sich, da sie ihren Kaffee trinken möchte. Da läuft das Mädchen weg. Ich bewundere ihre Entschlossenheit. Die Mutter seufzt und bleibt sitzen. Ich bewundere ihre Ruhe. Nach fünf Minuten kommt das Mädchen wieder und jammert immer noch. Sie setzt sich und liefert endlich den Schlüssel des Rätsels: »Meine Hose ist ganz schmutzig!« Es geht also nicht um verletzten Stolz und auch nicht um Lebensüberdruss, sondern um materiellen Verlust. Eine Hose, auf die sie stolz war, ist jetzt ein mieser Fummel. Weil das äußere Drama vermieden wurde (Mama ist nicht böse), konnte sich ein inneres Drama entwickeln (ich bin nicht mehr so schön). So gibt es immer neue Probleme, wenn eines wegfällt. »Wir waschen sie gleich zu Hause«, sagt die Mutter. Aber was nützt der Kleinen das. Ihre Hose ist jetzt schmutzig und sieht unmöglich aus. Plötzlich erregt ein Hund ihre Aufmerksamkeit, der schwanzwedelnd auf sie zukommt. Wie eine vom Wind vertriebene dunkle Wolke verschwindet ihre Kümmernis. Das mag ich an Kindern. Sie leben im Augenblick, und alles andere ... was war das noch?

# Knochenfieber

Es gab Zeiten, in denen sich nichts änderte. Der Himmel, die Erde und die Menschen waren so geschaffen, wie sie aussahen. Die Welt war ein fester Rahmen und unser Schicksal spielte sich in diesem Dekor ab. Dann kamen die Fossilien und mit ihnen eine Fülle schwieriger Fragen. Man stellte zunehmend fest, dass nichts so dauerhaft war, wie es schien und wie unsere Kurzsichtigkeit es uns hatte glauben lassen. Wir hatten den Schein für bare Münze genommen und unsere geistige Enge auf die gesamte Welt projiziert. Plötzlich protestierte der Dinosaurier dagegen und der Mammut ließ sich nicht mehr verleugnen. Millionen Jahre versetzten uns einen heftigen Schlag. Es fehlten einige Kapitel, um diese Epoche zu rekonstruieren, aber die Altertumsforscher setzten alles daran, diese Lücken zu füllen, und gruben Knochen aus, nichts als Knochen. Ein harter Kampf. Heute gibt es immer noch Nostalgiker, die behaupten, alle Arten seien so geschaffen, wie sie heute aussehen, und die fossilen Skelette seien absichtlich vergraben worden, um uns zu ärgern. Das ist wirklich komisch!

Seit Darwin sind auf so manchen Fachgebieten die Forschungsgegenstände den Gesetzen der Evolution zum Opfer gefallen. Die Erforschung der Technik und der Sprachen des Menschen, die Roboterwissenschaft und die der Vermessung der Welt. Was entwickelt sich eigentlich nicht weiter? Nichts hat mehr allgemeine Gültigkeit als eine Theorie, die sich mit Veränderung beschäftigt. Glauben Sie, dass die Psychologie sich ausruht? Es gibt dort einen Zweig, der sich mit dem Verhalten unseres Gehirns befasst und dabei unsere Ursprünge berücksichtigt. Sie mögen so gern Zucker, weil der Cromagnon, unser Vorfahr, zu wenig hatte und von der natürlichen Selektion die Anweisung erhielt, sich darauf zu stürzen.

Selbst das Universum hat sich verändert. Seit den Beobachtungen von Edwin Hubble von 1929 ist nachgewiesen, dass das aus einem Urknall entstandene Universum keine konstante Größe ist, sondern sich endlos immer weiter ausdehnt. So befinden wir uns nicht in einem festen Dekor, sondern in einem shakespeareschen Sturm. Galaxien bilden und verformen sich, die Sterne altern und sterben, andere aufstrebende junge Sterne ernähren sich von ihren Trümmern.

Doch bis vor Kurzem hatte das Universum noch das Privileg, einzigartig zu sein. Inzwischen stellen die Kosmologen auch diese letzte Bastion der Absolutheit infrage. Das Universum soll nicht das einzige sein, sondern eines von anderen, die nebenher existieren. Jedes Universum könnte sogar noch mithilfe schwarzer Löcher eine neue Nachkommenschaft von Universen erzeugen. Alles verändert sich, alles bewegt sich, alles geht vorbei.

# Das Natürliche einfangen

Miranda July ist eine ganz besondere Filmemacherin, eine wunderbare Person. Als sie das Drehbuch zu ihrem zweiten Film *The Future* schrieb, suchte sie nach ungewöhnlichen Begegnungen für ihren Haupthelden und rief auf Gutdünken Leute an, die in einer Gratiszeitschrift Annoncen aufgegeben hatten. So traf sie einen Mann von fünfundsechzig, der gerade eine Geschlechtsumwandlung vornahm, eine Inderin, welche die Bewässerung eines Dorfes finanzierte, eine Sängerin, die ihr Gehör verloren hatte, einen Jugendlichen, der Riesenfrösche züchtete, und noch viele andere pittoreske Gestalten. Erst hatte ihr die Inspiration gefehlt, jetzt hatte sie zu viel davon. Die Wirklichkeit ist zu reich, um sich in Fiktion zu verwandeln. So beschloss die Regisseurin am Ende, nur eine Geschichte in den Film aufzunehmen, die einer Fünfzigjährigen, die sich als Punkerin gerierte, mit stark betonten Augenbrauen, altertümliche Haartrockner für fünf Dollar verkaufte und auf einem aufblasbaren Sofa Besucher empfing. Miranda July ließ sie nicht von einer Schauspielerin darstellen, denn die wirkliche Frau gefiel ihr so sehr, dass sie ihr vorschlug, Probeaufnahmen für den Film zu machen. Am nächsten Tag kam sie mit einer Kamera, um die Szene vom Vortag zu drehen. Als die Frau dann die Tür öffnete, stimmte nichts mehr. Sie zierte sich, redete übertrieben höflich und machte einstudierte Handbewegungen. Alle Bemühungen, ihr natürliches Verhalten wiederherzustellen, waren vergeblich. Alles Lebendige verflüchtigte sich, sobald die Kamera zu laufen begann.

Später traf die Regisseurin einen alten Mann, der Kunstpostkarten malte. Auch diese Figur erschien ihr so einzigartig und anrührend, dass sie einen zweiten Versuch wagte und am nächsten Tag mit einer Kamera kam. Der Mann verhielt sich, oh Wunder, genau wie am Vortag. Damit war die Sache geregelt, und jetzt taucht er in dem Film auf.

Muss man achtzig Jahre alt sein, um sich vom Blick der anderen zu befreien? Muss man eher ein Mann sein als eine Frau? Ist es ein Zeichen von Weisheit oder Unbewusstheit oder eine Haltung ohne jegliche Bedeutung? Der alte Mann litt an einem schweren Krebsleiden und legte keinen großen Wert mehr auf sein Image. Er war, was er war, ein Bastler und Dichter, der zweiundsechzig Jahre zuvor seine Frau am Paw-Paw-See kennengelernt und die Namen all seiner Katzen und Hunde an die Gartenmauer geschrieben hatte. Seine vorbildliche Ruhe führte zu einer eintägigen Karriere vor der Kamera. Um im Kino gut zu sein, darf man nicht zeigen, dass man spielt. Dies erfordert große Darstellungskunst, wie man sie auf der Schauspielschule lernt, oder die souveräne Losgelöstheit von Menschen, die nichts zu verlieren haben.

# Betrachtungen beim Baden

Bis ins 19. Jahrhundert konnten Seeleute nicht schwimmen. Niemand hätte daran gedacht, sich ins Wasser zu wagen. Das Meer galt als äußerst gefährlicher Ort, ein notwendiges Übel, um an Fisch heranzukommen, doch sobald die Netze eingeholt waren, kehrte man dem Meer den Rücken. Ertrinken, Schiffbruch, Klippen, Versinken, Untergehen, all dies sind gebräuchliche Metaphern in jeglicher Art der Kommunikation. In Küstenstädten legte man die feinen Viertel so an, dass man von dort aus weder Meer noch Sand sehen konnte, die man als Belästigung empfand. Die ganze Menschheit fürchtete sich vor Quallen, Sirenen, Riesenkraken, Schlangen, Schwertwalen, Pottwalen und anderen Meeresungeheuern, die man gar nicht alle aufzählen kann.

Wer hätte sich vorstellen können, dass man eines Tages in den Wellen spielen würde, statt Angst vor ihnen zu haben? Dass man im Meer tauchen, schwimmen, hineinspringen und darauf Ski fahren würde? Dass es an den Stränden Läden und Restaurants geben würde? Dass beinahe nackte Körper sich nichts mehr wünschten, als durch Wellen zu schwimmen oder Tretboot zu fahren? Dies kann man eine Revolutionierung der Vorstellungen nennen. Was die Massen früher in Furcht und Schrecken versetzte, ist heute ihr größtes Vergnügen. Wieso sollte das Meer von sich aus bös- oder gutwillig sein? Alles hängt davon ab, was man daraus macht, im Zusammenhang mit dem entsprechenden Wissen.

So geht es mit vielen Dingen. Zum Beispiel mit der Sexualität. Man kann an Bord bleiben und sich vorstellen, dass man dabei ausrutschen kann. Die Phantasmen als Sirenen betrachten, die unseren Kopf unter das Wasser tauchen. Religionen und Moralvorschriften vieler Gesellschaften haben sorgfältig vermieden, zu erwähnen, dass man schwimmen lernen kann. Ängstliche Leute bringt man hinter Deichen unter, die viel Geld gekostet haben, auf der anderen Seite vergnügen sich in aller Freiheit ein paar Abenteurer und fragen sich, warum das verboten ist. Jenseits der körperlichen Lust lässt sich Spinozas ganze Existenzphilosophie in einem Satz zusammenfassen: Lernt schwimmen! Das Leben ist weder gut noch böse, aber man kann sich mehr oder weniger geschickt hineinfinden. Die Griechen priesen bereits die Geschicklichkeit und List von Achill, dem »leichtfüßigen« Helden (sicherer Hinweis, dass er Sinn für das Schwimmen hatte), und seitdem wird dieses Modell mehr oder weniger von allen Helden nachgeahmt. Nie werden sie gefangen, nie untergetaucht, sie surfen auf den Schwierigkeiten und machen sich über die Elemente lustig. Und das nicht immer nur, um die Welt zu retten oder den Atlantik zu überqueren … Man kann sich auch einfach daran freuen, mit dem Brett zu surfen.

# Chinesische Weisheit

Wenn ich Tennis spiele, bin ich manchmal mit den Gedanken woanders, reagiere zu spät und verpasse den Ball. Wie konzentriert man sich? Ich probiere alle möglichen Strategien aus.

Ich lasse mich von einem Chirurgen inspirieren, der sagt, sein Beruf zwinge ihn, sich auf den jeweiligen Augenblick zu fixieren. Er wisse, dass Menschenleben von ihm abhängen, und so verschwinde alles andere: Sorgen, Ablenkung, Unbehagen, und er widme dem Tun seiner Hände seine volle Aufmerksamkeit. Ich versuche, mir bei einem Tennisspiel einzureden, von meinen Schlägen hänge das Leben eines Patienten ab. Es funktioniert sehr gut, zumindest zehn Minuten lang. Beim nächsten Mal denke ich an ein Buch über chinesische Weisheit, das ich vor einiger Zeit gelesen habe. Darin wird erklärt, dass nichts für sich allein existiert, dass es weder Subjekte noch Objekte gibt, sondern nur Beziehungen. Ich betrachte mich jetzt nur noch im Zusammenhang mit dem Ball. Ich bin der Ball, er ist ich, und wir existieren nur insofern, als wir uns über das Netz hin- und herbewegen. Es funktioniert sehr gut, zumindest zehn Minuten lang. Ein seltsames Gefühl: Derselbe Tennisball kommt mir sehr anders vor, je nachdem, ob ich mich nach der einen oder der anderen Geschichte richte.

Das Tennisspiel kann wie viele andere Dinge als Metapher des Lebens betrachtet werden. Wir schweifen oft mit unserem Geist ab, wir reagieren zu spät und verpassen den Ball. Wie schafft man es, sich zu konzentrieren? Jede Strategie besteht darin, an eine Geschichte zu glauben, die man sich erzählt. Was glaubst du gerade zu tun? Operierst du gerade am offenen Herzen? Bist du mit der gesamten Welt vernetzt? Fährst du auf einem kleinen Boot einen Fluss hinauf? Malst du gerade die Mona Lisa? Bist du gerade in einem Kerker eingesperrt? Dies hat Einfluss darauf, wie man einen Ball schlägt.

Die Geschichten, die man sich erzählt und die bei jedem anders sind, ändern sich nicht von einem Tag auf den nächsten. Oft drängen sie sich auf und treten durch ihre Deutungskraft an die Stelle der eigentlichen Situation.

Hier ein Beispiel. Eine junge Frau, die ich kannte, beklagte sich bitter, dass ihr Mann jeden Abend Suppe essen wolle. Das ödete sie an, und so kochte sie immer gleich für mehrere Tage, wobei sie zwischen vier Gemüsesorten und zwei Konserven abwechselte. Statt auf so stumpfsinnige Weise zu reagieren, hätte sie auch 365 verschiedene Suppen pro Jahr kochen und ihrer Fantasie freien Raum lassen können, angeregt durch internationale Rezepte. Oder sie hätte gleich den Mann aus dem Fenster werfen können.

Wir sind Gefangene der Geschichten, die wir uns erzählen. Deshalb mag ich so gern Schauspieler, die einen Beruf daraus machen, sich als ganz andere zu erleben.

# Ich denke, also lebe ich

Mit zwanzig Jahren habe ich mich auf Versammlungen immer sehr unwohl gefühlt. Ich störte mich an der Phrasendrescherei der Leute und ihren ausdruckslosen Gesichtern (vermutlich, weil sie mir Angst machten). Dann bin ich durch die Welt gereist, habe mit Unbekannten getrunken und geraucht und gespürt, wie die menschliche Wärme meine Neuronen erweiterte. Ich entdeckte, dass man sich für andere interessieren kann, und begann, Fragen zu stellen. Danach habe ich mich nie mehr gelangweilt. Irgendwo gibt es immer einen Funken, den man erwischen kann.

Gestern habe ich auf einem Straßenfest mit einer Nachbarin gesprochen, die ich zehn Jahre hindurch immer wieder gesehen hatte, aber nicht kannte. Was ist ihr Beruf? Sie unterrichtet Deutsch am Gymnasium. Eine einfache Frage und eine einfache Antwort. Was macht sie in den zwei Monaten der Sommerferien? Eine ungewöhnliche Antwort: »Ich denke über mein Leben nach.« Wie sie das meine, frage ich sie. »Das ist ganz einfach«, antwortet sie.

»Man braucht Zeit, um sich mit den Dingen zu beschäftigen, die man erlebt hat, sie einordnen, hinterfragen, einen Blick darauf werfen ... Ich verstehe nicht, wie es die Leute machen, die nur drei Wochen Ferien haben und dann noch verreisen und viel Zeit brauchen für alles, worauf man dabei zu achten hat. Wann nehmen sie sich die Zeit, über ihr Leben nachzudenken?«

Das ist eine entscheidende Frage. Sie zu beantworten dauert nicht unbedingt zwei Monate, aber Zeit braucht man schon dafür. Wenn ich sonntags um acht Uhr aufwache und um zehn aufstehe, habe ich nie den Eindruck, Zeit zu verlieren, und doch überkommt mich ein leichtes Schuldgefühl. Zwei Stunden lang habe ich nichts getan. Das dachte ich bisher. Jetzt aber weiß ich, dass ich eine wichtige, anspruchsvolle Aufgabe erledigt habe: Ich denke über mein Leben nach. Ich habe die Schrauben geöffnet, um die Luft zwischen den Fugen zu atmen. Ich sehe mir Bilder an, achte auf Eindrücke, Gefühle, in einem farbigen Nebel, der sich jede Minute verändert und neu formt. Am Ende habe ich nichts Konkretes entschieden oder erreicht. Nichts ist anders, bis auf das Gefühl, mit dem Wind gespielt zu haben und fester im Sattel zu sitzen. Der Galopp kann weitergehen. Wie in jenen verlorenen Momenten der Jugend, in denen man einen halben Tag einfach nur daliegen und an die Decke starren kann. Draußen regt sich nichts, aber im Inneren gärt es. Später macht man es dann genau umgekehrt: Rennen, rennen, ohne je nachzudenken – und doch bei vollem Lauf auf der

Stelle treten. Vielleicht muss man Deutschlehrerin sein, um nicht zu vergessen, die ewigen Lehren der Literatur im Leben umzusetzen.

# Osteopathie

In einem Traum nehme ich an einem Zeichenkurs in einem vornehmen Stadtviertel teil. Hier stehen nur Villen, und die Gärten sind bestens gepflegt. Zu Beginn des Jahres erklärt der Lehrer den Schülern, es sei nicht ganz harmlos, an seinem Kurs teilzunehmen. Es habe Konsequenzen wie in dem Film *Club der toten Dichter,* in dem manche es nicht ertragen, ins normale Leben zurückzukehren, weil es ihnen allzu düster erscheint. Ein kleiner Herr sieht ihn erstaunt an: »Ich verstehe nicht, was Sie meinen.« Der Lehrer nimmt die Zeichnung, die der Mann gerade erstellt hat, und hält sie vor einen Spiegel. Wenn eine Zeichnung seitenverkehrt ist, erkennt das Gehirn sie nicht mehr als eigenes Werk und kann sie viel besser betrachten. Der Mann begreift sofort, was an der einen oder anderen Stelle nicht gelungen ist. In der Zeichnung ist zu wenig Bewegung, sie wirkt starr. Der Lehrer fügt hinzu: »Genauso ist es mit Ihrer Lebensweise. Das Problem liegt darin, dass man ständig etwas vorspielt. Wenn man an den Blick der anderen denkt, hat man Angst. Und wenn man Angst hat, erstarrt alles. Denken Sie an Situationen, in denen Sie allein sind. Allein im Auto oder auf einer einsamen Straße oder im Bad. Hier beginnt etwas, was die Kunst interessieren kann. Alles andere ist gekünstelt.«

Jetzt bittet er alle, eine Situation zu beschreiben, in der sie nicht gesehen werden möchte, außer Sex und dem gewissen Örtchen. Nach einem Moment prasselt es Antworten: wenn ich Kniebeugen mache, wenn ich Lockenwickler anhabe, wenn ich aus dem Bett steige, wenn ich bade. Unbehagen im Zusammenhang mit dem Körper. Eine Schülerin ergreift das Wort: »Seit drei Jahren komme ich her, und mein Leben hat sich verändert. Ich habe Edmond und die Villa aufgegeben, ich wohne in der Stadt und bin mir selbst nicht mehr im Weg. Ich zeige Ihnen mal, wie man damit anfängt.« Sie legt Musik auf und dämpft das Licht, dann beginnt sie, zwischen den Tischen zu tanzen. Immer wenn sie dicht an jemandem vorbeikommt, nimmt sie ihn mit, damit auch er sich bewegt. Dann lässt sie alle auf das große an der Tafel befestigte Blatt schauen. »Seht ihr, man braucht nur den Korken knallen zu lassen!« Dann malt sie große Striche in alle Richtungen, und die anderen machen es ihr nach. Am Ende der Stunde hat die Gruppe ein gemeinsames Bild geschaffen, ein riesiges Werk, und alle haben ganz andere Dinge gemalt als vorher. Man kann den Geist wieder einrenken wie einen Wirbel. Verbote, Verpflichtungen, moralische Zwänge und Blicke von außen blockieren die Räder. Entfernt man sie, kommt alles ins Rollen.

Da ist die Magie eines Lehrers, der tut, als gäbe er Zeichenunterricht, uns aber in Wirklichkeit beibringt, wie wir leben können. Die Magie des Traums.

# Wer sind Sie?

Es ist die Geschichte eines Betrugs. Ein Kinofan tritt als berühmter Regisseur auf. Er erhält eine Finanzierung und beginnt zu drehen. Nach seiner Entlarvung kommt er ins Gefängnis. Während des Prozesses erklärt er, durch den Erhalt der Mittel für einen Film und den Respekt des gesamten Drehteams habe er selbst daran geglaubt und seinen Streich fortgesetzt. Dies erzählt der Film *Close-up* von Abbas Kiorostami.

Der Mann, ein Arbeitsloser, fühlt sich plötzlich als großer Künstler. Und wer weiß, ob er es nicht wirklich sein könnte? Hängt unser Erfolg eher von unseren angeborenen Eigenschaften ab oder von den Bedingungen, die ihre Entfaltung fördern? Ich meine, ohne günstige Bedingungen wird aus keinem etwas. Es muss sich eine Tür öffnen, und man entdeckt bei sich vielleicht ein Talent, von dem man vorher nichts ahnte. Nehmen wir das Beispiel der Beatles, die mit kleinen Songs anfingen und, durch den Erfolg beflügelt, zwei Giganten hervorbrachten, Lennon und McCartney. Oder Fabrice Luchini, der Lockenwickler eindrehte, ohne zu ahnen, was für ein großer Schauspieler in ihm steckte. Oder Man Ray, der Maler werden wollte und wider Willen anfing zu fotografieren, weil er so viele Aufträge bekam und seine Bilder keine Käufer fanden. In welchem Kellner oder welcher Putzfrau steckt vielleicht eine ganz andere Persönlichkeit? Und Sie selbst, wer könnten Sie sonst noch sein? Und welche der Persönlichkeiten, die in Ihnen schlummern, haben es bis zum Wortführer gebracht?

Der Clou des Films *Close-up* besteht darin, dass der Held durch seinen Betrug die Aufmerksamkeit eines Filmemachers auf sich zieht, der ihn im Gefängnis besucht und beschließt, einen Film über ihn zu drehen, in dem er sich selbst spielt. Die erste Rolle eines falschen Regisseurs in einem echten Film. Das verändert sein Leben von Grund auf.

Aber, so werden Sie sagen, es kommt nicht allein auf das Sprungbrett an, auch Talent und Anstrengung gehören dazu. Richtig. Wir kennen genügend Anfänger, die ein einziges großes Werk hervorbrachten und danach nur noch Unbedeutendes. Vielleicht glaubten sie nicht mehr an eine Zukunft als Künstler? Anton Tschechow sagte, jeder Idiot könne mit einer Krise fertig werden, aber das Alltägliche mache einen fertig. Man müsse deshalb darauf achten, dass der Alltag nie Alltag sei, selbst wenn man das geworden sei, was man werden wollte. Und noch mehr, wenn man noch weit davon entfernt sei.

Jeder Tag sollte eine Krise sein, die gemeistert werden muss, ein Berg, den man erklimmen, ein Film, den man drehen muss.

# *Danksagung*

Es gibt Bücher, die zu schreiben man nicht geplant hat. Sie haben etwas Magisches. Dieses hier entstand durch den Wunsch von Mireille Martens, damals Chefredakteurin des Magazins *Gaël,* die mich um kurze Texte für eine Monatszeitschrift bat. Mir erschien die Form zu starr, und so lehnte ich höflich ab. Sie drang weiter in mich: »Sollen wir es nicht wenigstens versuchen?« Sie sagte »wir«, das war einfühlsam von ihr, und ich lächelte, bereit, einen Versuch zu wagen … Überraschung. Man kann wichtige Themen in wenigen Zeilen abhandeln. Das ist sogar sehr aufregend. Seit Mireille die Struktur mit sicherer Hand vorgegeben hatte, webten sich die Texte fast wie von selbst mit einem Faden, den ich aus eigener Erfahrung nicht kannte. Und so habe ich den Eindruck, gar nicht für das verantwortlich zu sein, was dann entstand. Sie hat mir Gelegenheit gegeben, eine andere Form kennenzulernen, anders zu existieren als mit dem eigenen Elan – und dies ist für mich das, was Freundschaft ausmacht, und vielleicht auch Liebe, und ich danke ihr voll Freude über diese Ausweitung meiner Spielmöglichkeiten.

# Märchen, die uns vor Augen führen, wer wir sind

**Kinder brauchen Märchen – Erwachsene auch! Denn Märchen besitzen die Kraft, jedem Einzelnen seine Probleme näher zu bringen, sie zu erkennen und sogar, sie zu heilen.**

Märchen beflügeln die Phantasie und sie eröffnen einen Weg, außerhalb der konventionellen Grenzen zu denken. Ob eine Neufassung von »Schneewittchen« aus der Perspektive der Mutter, ob die Geschichte einer Meerjungfrau im 21. Jahrhundert oder »Die Fee der verlorenen Dinge« – die außergewöhnlichen Märchen der Psychologin und Therapeutin Lauren Slater regen an, sich auf die Suche nach dem eigenen Selbst zu begeben. Auf diese Weise erschließt sich der Leserin ein ganz neuer Zugang zu Problemen und es werden Wege aufgezeigt, diese zu überwinden.

»*Bezaubernd, provozierend und beunruhigend.*« Elle

»*Inspirierend und gefährlich. Slaters Märchen sind unwiderstehlich.*« Booklist

Lauren Slater
*Erwachsene brauchen Märchen*
Magische Geschichten, die helfen, Konflikte und Alltagsängste zu überwinden
broschiert, 212 Seiten
ISBN 978-3-407-85850-4

# Endlich frei und selbstbestimmt leben

**Echte Souveränität kommt von innen. Und zwar dann, wenn ein Mensch genauso lebt, wie es für sie oder ihn stimmig ist.**

Janet Betschart zeigt, wie man sein Leben von Ballast befreit, Selbsttäuschungen aufgibt und zu sich selbst findet. Dieser befreiende und wirkungsvolle Ratgeber beweist: Die Möglichkeiten, ein selbstbestimmtes Leben zu führen, sind heute so gut wie nie.

»Gleichermaßen praxisnah und pointiert erklärt Janet Betschart in ›Das schenk ich mir‹, wie man sich von Fremderwartungen löst und die eigenen Wünsche und Ziele in den Fokus rückt. Ein gutes Buch – übrigens nicht nur – für Frauen, die sich in Job, Ehe und Privatleben mit Mittelmaß nicht mehr zufriedengeben wollen.«
*berufebilder.de*

Janet Betschartr
*Das schenk' ich mir*
7 Schritte in ein selbstbestimmtes Leben
broschiert, 199 Seiten
ISBN 978-3-407-85963-1

## »Alles, was wir achtsam tun, bringt uns dem Glück näher.«

Gabriele Rossbach

**Finden Sie zurück in eine eigene ursprüngliche Präsenz, die mit Wohlbefinden, Gelassenheit, Selbstbewusstsein und der Empfindung inneren Glücks einhergeht. Die »Praxis der Zentrierung« hilft Ihnen dabei.**

15 Zentrierungsübungen, die einfach und schnell zu erlernen sind – eine kompakte und praktische Anwendung vielfältiger Inspirationen aus dem tibetischen Buddhismus und dem Zen, die zunehmend auch in psychotherapeutische Techniken einfließen. Je nach gewünschter Anwendung sind sie ein effektives Instrument, nicht nur, um zu sich selbst zu finden, sondern auch um emotionale Konflikte, gravierende Selbstwertprobleme, Suchttendenzen, Ängste und leichte Depressionen aufzulösen.

Gabriele Rossbach
*Mit Achtsamkeit zum inneren Glück*
15 ZENtrierungsübungen
für mehr Lebensintensität und Lebensfreude
broschiert, 156 Seiten
ISBN 978-3-407-85961-7